Das glückliche Taschenbuch

Das glückliche Taschenbuch

100 Wege zur Wunscherfüllung

ISBN: 9-7838-3911-085-0
Herstellung und Verlag:
Books on Demand GmbH, Norderstedt
Projektmanagement: Petra Gutkin
Bildrechte: www.fotolia.de
Sky © Sergey Tokarev
happy smiley face button badge © Michael Brown
door to the sky © Olga Lyubkina

➢ Inhaltsverzeichnis

Danksagung & Vorwort

Meinen tiefsten Dank richte ich an die drei wichtigsten Menschen in meinem Leben: Meine Mutter, meine Lebensgefährtin und meinen „großen" Bruder, die mich alle auf ihre eigene, ganz besondere Weise unterstützt und zum Gelingen dieses Buches beigetragen haben. Ein weiterer Dank gebührt allen Menschen, die meine Bücher lesen und durch sie neues Wissen erlangen, um ein glücklicheres Leben zu führen.

„Freude ist eine Liebeserklärung an das Leben." (A. L. Balling)

Hallo, lieber Leser,

herzlich willkommen zu einem weiteren glücklichen Taschenbuch. Die große Anzahl liebevoll verfasster E-Mails und Briefe haben mich veranlasst, ein weiteres Buch zu schreiben, um noch mehr Menschen auf dem Weg zu einem glücklicheren Leben behilflich zu sein.

Glücklichsein wird nicht vererbt, nein, man kann es LERNEN und das meine ich vollkommen ernst. Natürlich setzt das eine gewisse Bereitschaft voraus, sich selbst besser zu ergründen und dazu zu lernen. Der Volksmund sagt: »Jeder ist seines eigenen Glückes Schmied«. Schöner Spruch, aber womit schmiedet man sein eigenes Glück? Mit seinen bewusst eingesetzten Gedanken, den daraus entstehenden Gefühlen und dem kosmischen Naturgesetz, dem sogenannten Gesetz der Anziehung, welches besagt:

Gleiches zieht Gleiches an und wird durch Gleiches verstärkt.

Das Gesetz der Anziehung ist ein Thema, mit dem ich mich bereits seit Jahren auseinandersetze, mehr noch, es zu meiner Lebenseinstellung gemacht habe. Es hat eine tiefgreifende Wirkung auf mein Wesen, indem es mich entscheidungsfreudiger, geduldiger, liebevoller, offener, gefühlsbetonter, zuversichtlicher und mental stärker gemacht hat. Durch die andauernde bewusste Anwendung des Gesetzes der Anziehung setzt sich diese Entwicklung bei mir bis heute fort und dafür bin ich sehr dankbar. Vor Jahren verbesserte der bewusste Umgang mit dem Gesetz der Anziehung mein gesamtes Leben: Von totaler Armut zu fünfstelligen Summen auf dem Bankkonto, von Depression zu purer Lebensfreude, von einem unglücklichen Single-Leben zu einer harmonischen, von tiefer Liebe geprägten Partnerschaft.

Ich weiß nicht, wo Du Dich gerade im Leben befindest und wie weit Du es bis zu Deinem Lebensglück noch hast, aber mein Buch soll Dir dabei helfen, diesen Weg möglichst schnell, genussvoll und effektiv zurückzulegen.

„Es gibt in der Welt einen einzigen Weg, auf dem niemand gehen kann, außer Dir. Wohin er führt? Frage nicht, gehe ihn." (Nietzsche)

Darum möchte ich Dir mit dem vorliegenden Buch Methoden, Denkanstöße und Wegweiser für die bewusste Gestaltung Deines Lebens in die Hand geben. Dazu präsentiere ich Dir 100 sogenannte Energie-Verstärker, um das eigene Leben glücklicher zu gestalten. Ich bezeichne mich selbst als Praktiker, der nicht nur theoretisches Wissen weitergibt, sondern alle im Buch beschriebenen Methoden selbst ausprobiert hat, so dass keine Fragen offen bleiben.

Es ist kein reines Lesebuch, sondern zugleich ein Übungsbuch, welches Dich durch die zahl- und hilfreichen Übungen zu Eigenaktivität motiviert, um Dein Leben glücklicher zu leben und Deine Wünsche, von Gesundheit über finanziellen Reichtum bis zu einer glücklichen, harmonischen Partnerschaft, zu verwirklichen. Dafür muss man keine Universität besuchen. Jeder kann das daheim in aller Ruhe, während seiner Alltagsarbeiten sowie in der Freizeit, umsetzen. Du hast alles in Deinem Inneren, um Dir Dein Wunschleben zu erschaffen. Das Buch soll deshalb nicht Deinen Verstand ansprechen, sondern Dein Herz, weil jede Veränderung nur aus dem Herzen erfolgen kann.

Du bist ein Wesen, welches das höchste Glück des Universums verdient. Daran besteht KEIN ZWEIFEL. Sei Dir dessen immer bewusst. Schenke Dir selbst die Freiheit, alles zu sein, was Du sein kannst, was Du Dir erträumst. Du kannst Dich durch den entsprechenden Glauben selbst auf Glück, Gesundheit und Erfolg programmieren. Dass dies tatsächlich so ist und nach neusten Untersuchungen sogar wissenschaftlich belegt ist, werde ich Dir noch im Detail darlegen.

Wie kam ich zu esoterischen Themen wie dem Gesetz der Anziehung? Zum Einen durch eine persönliche Lebenskrise, aus der ich gestärkt hervorging, und zum Anderen aufgrund meines riesigen Wissensdurstes. Mich beschäftigten schon im Kindesalter unzählige Fragen, die das Leben betreffen, die mir aber nie jemand zufriedenstellend beantworten konnte. Es gab so viel, was mir keine Ruhe ließ: Himmel und Hölle, Erbsünde und ein Gott, der im Außen zu suchen ist, statt im Innen, ein Schicksal oder Karma, welches bestimmt, wer gesund und wer krank, wer reich und wer arm ist. Gegen all diese Weltanschauungen sträubte sich seit jeher mein gesamtes Sein. Bist Du wirklich der Meinung, dass es so etwas wie ein Schicksal gibt, lieber Leser? So eine Art Glückverteilungsstelle im Himmel, die über ein Leben in Reichtum und Armut, oder in Gesundheit und Krankheit entscheidet? Nein?
Existiert immer noch das Wort „Schicksal“ in Deinem Vokabular? Ich habe es bei mir gestrichen.

Mal ganz unter uns: Würdest Du Deinen Kindern, falls Du welche hast oder hättest, so etwas mit auf ihren zukünftigen Lebensweg geben? Dass, völlig egal, wie sehr sie sich etwas wünschen, es nicht an ihnen liegt, ob sich ihr Wunsch eines Tages erfüllt? Dass, egal wie sehr sie glücklich sein wollen und sich dafür abstrampeln, es nicht in ihrer Macht liegt, sondern bei einem imaginären Schicksal? Würdest Du Deinen Kindern allen Ernstes solch ein trostloses Weltbild einzuprägen versuchen?

Meine Devise lautet: **Nimm Dein Schicksal selbst in die Hand und werde glücklich.** Diese Möglichkeit steht jedem offen, da wir

Menschen zum Glück alle den freien Willen haben. Nutze Deinen freien Willen weise und das Glück lässt nicht lange auf sich warten.

„Das Schicksal des Menschen ist der Mensch.“ (Bertolt Brecht)

„Das Schicksal liegt nicht in der Hand des Zufalls; es liegt in Deiner Hand: Du sollst nicht darauf warten, Du sollst es bezwingen.“ (William Jennings Bryan)

„Was die Leute Schicksal nennen, sind meistens nur ihre eigenen dummen Streiche.“ (Arthur Schopenhauer)

Spätestens nach der Trennung meiner Eltern, dem Bürgerkrieg im ehemaligen Jugoslawien (aus dem meine Eltern stammen) und meinem persönlichen Absturz in ärmliche Verhältnisse, begann ich das allgemeine Weltbild inklusive Schicksal, Vorbestimmung, Karma usw., zu hinterfragen. Infolge meines Verlangens nach Antworten stieß ich auf das in Rede stehende Gesetz der Anziehung. Seitdem ich von diesem Gesetz weiß und es BEWUSST anwende, ist in meinem Leben nichts mehr so, wie es zuvor war, sondern alles sehr viel positiver. Warum? Ganz einfach, weil ich selbst positiver wurde. Ich wurde mir darüber bewusst, dass ich durch die gezielte Anwendung des Gesetzes der Anziehung mein Leben zu einer einzigen, großen Wunscherfüllung machen konnte. Ich wäre verrückt gewesen, wenn ich weiterhin auf all die schädlichen und irreführenden Einflüsse und Ablenkungen in der Außenwelt gehört hätte, statt mich vertrauensvoll auf mein persönliches Glück und mein Bauchgefühl zu verlassen. Auf diese Weise entstand eine enge, großartige Freundschaft, und zwar die Freundschaft zwischen mir und meinem Unterbewusstsein, höherem Selbst, innerem Wesen, meiner Intuition oder wie auch immer man die kleine, leise Stimme nennen will, die tief in uns allen haust und uns per „Bauchgefühl“ hilft, unseren individuellen Weg zu gehen und das Leben zu meistern.

Das Gesetz der Anziehung ist wie ein Werkzeug. Den Umgang mit diesem kosmischen Naturgesetz werden wir durch regelmäßiges Üben früher oder später verinnerlichen. Nach ständigem Tun wird es zu einem Automatismus, zu einer Gewohnheit, zu einer Selbstverständlichkeit. Je öfter und je intensiver wir uns mit etwas beschäftigen, desto mehr laden wir es mit Energie auf. Zweifelst Du an etwas, erhältst Du durch das Gesetz der Anziehung die Bestätigung Deiner Zweifel. Mit positiven Gedanken und positiven Gefühlen funktioniert die Welt besser als ohne. Probier es aus und zweifle nicht daran, dass das Glück nur auf Dich wartet.

Dieses Buch trägt zwar den Titel „Das glückliche Taschenbuch", es wird aber erst dann RICHTIG glücklich sein, wenn es Dich motiviert, Dir Mut gibt und Dich in Aufbruchsstimmung versetzt, Dein Glück zu erwirken

„Die größte Herausforderung des Lebens liegt letztlich darin, die Grenzen in Dir selbst zu überwinden und so weit zu gehen, wie Du Dir niemals hättest träumen lassen." (P. Gauguin)

Also dann, lieber Leser, bist Du bereit Dich auf eine Entdeckungsreise ins eigene Ich zu begeben, die Dir Dein wahres Potenzial zeigt? Ja? Okay, dann schnall Dich gut an und mir nach, denn jetzt geht's mit Freude, Motivation und Entschlossenheit los!

1. Das Gesetz der Anziehung

Wenn ich die Gesetze des Lebens und des Universums nicht kenne, dann ist das so, als würde ich mit einem Auto umherfahren, ohne die Verkehrsregeln zu kennen. Dass dies kein gutes Ende nehmen kann, brauche ich wohl nicht zu betonen. Die Menschen, die es können, sind glücklich bei dem, was sie tun. Die, die es nicht können, sind weit davon entfernt. Für alle, die mein erstes Buch nicht gelesen und auch sonst noch nie etwas vom Gesetz der Anziehung gehört haben, folgt hier eine Erklärung, was es damit auf sich hat.

Das Leben besteht aus Ursache und Wirkung – und die Ursache sind immer unsere Gedanken und Gefühle, die man als sehr feinstoffliche Energie bezeichnen kann. Es mag im ersten Moment ziemlich unglaublich klingen, aber unsere Gedanken und die daraus resultierenden Gefühle wirken auch außerhalb unseres Kopfes, sie sind schöpferisch, unzerstörbar (Energie kann weder erzeugt noch vernichtet, sondern lediglich von einer Form in eine andere gebracht werden) und jeder einzelne Gedanke will sich verwirklichen, sich manifestieren, sich beleben und in unsere äußere Realität kommen. Unsere Gedanken bleiben in Inhalt, Intensität und emotionaler Beschaffenheit erhalten, nachdem wir sie gedacht haben. Man spricht bei der Schwingungsebene, in der unsere gedachten Gedanken landen, von einer sogenannten Mentalwelt oder auch Mentalebene. Über diese Mentalwelt sind wir Menschen per Gedanken alle miteinander verbunden. Alles, was wir uns vorstellen können, umgibt uns bereits in Gedanken, ist also auf dieser mentalen Ebene schon real und existent. Je intensiver und je länger wir an einen bestimmten Gedanken voller Emotionen denken, desto „wirklicher" wird er. Schenken wir ihm nur wenig Aufmerksamkeit, hat er sein baldiges Verfallsdatum erreicht und löst sich auf.

Jeder Mensch hat eine Grundschwingung, welche sich aus seinen Glaubenssätzen, Zielen und Wünschen, seiner Aufmerksamkeit, seinen Vorstellungen und äußeren Einflüssen wie z. B. dem Fernsehen und dem persönlichen Umfeld zusammensetzt. Unsere Schwingung ist die Resonanz zur Welt und dem Universum, wir sind Sender und Empfänger in einem, so wie ein Mobiltelefon. Alles, was unserer Schwingung entspricht, ist in Einklang mit uns, resoniert mit uns, wird von uns angezogen und ins Leben geholt (Gedanken, Träume, Intuition, Menschen, Situationen). Ein Beispiel dazu: Pessimisten identifizieren sich immer mit Problemen und Schwierigkeiten, während Optimisten sich immer mit Lösungen und glücklichen Lebenszuständen gleichsetzen, und stets das Beste erwarten. Dementsprechend schwingen Pessimisten und Optimisten dann auch und erhalten deshalb auch stets Probleme bzw. das Beste. Wer anstatt positiv zu denken mehr negativ denkt, der betrügt sich selbst um eine gehörige Portion Lebenslust, Glück, innerer Zufriedenheit,

Energie und Motivation. „**Innerlich** gut drauf" sein, sich über das Leben freuen und optimistisch sein Leben meistern, ist eine glückliche Lebenseinstellung, die ich jedem ans Herz legen kann. Positives Denken überwindet nämlich jedes Hindernis. Vergleiche Glück mit dem Wunsch nach einer Gehaltserhöhung. Die Gehaltserhöhung bekommst Du ganz sicher nicht, nur weil Du sie BRAUCHST, sondern Du bekommst sie erst dann, wenn Du sie ganz intensiv und voller Zuversicht WÜNSCHST, und Deine Schwingung in der richtigen Frequenz ist, bis Du schließlich Ideen, Gelegenheiten, Umstände oder neue Bekanntschaften in Dein Leben ziehst, die Dir zu Deiner Wunscherfüllung verhelfen.

„Glück widerfährt Dir nicht - Glück findet der, der danach sucht." (Sprichwort aus Marokko)

„Glück zieht immer noch mehr Glück an, wie ein Magnet." (Sylvia Plath)

„Es ist ein ungeheueres Glück, wenn man fähig ist, sich zu freuen." (George B. Shaw)

"Die Welt gehört denen, die zu ihrer Eroberung ausziehen, bewaffnet mit Sicherheit und guter Laune." (Charles Dickens)

Ausnahmslos alle gefühlsbetonten Gedanken, die Du jemals gedacht hast und von denen Du überzeugt warst, sind bereits zu Deiner Wirklichkeit geworden oder werden es in Zukunft sein, vorausgesetzt Du löst sie nicht durch entgegen gesetzte, gefühlsbetonte Gedanken auf. Grundsätzlich gilt aber: Alles Materielle, was es in der Welt gibt, sind verwirklichte Gedanken. Es gibt keine Realität ohne zuvor eingesetzte Gedanken. Alles, was sich in Deinem Geiste abspielt, betrifft auch Deine körperliche Welt. Betrachte Deine bewusst eingesetzten Gedanken am Besten als eine Art Baumaterial, mit dem Du Deine Wunschträume „baust".

„Nichts geschieht, ohne dass ein Traum vorausgeht." (Carl August Sandburg)

Denke ich unentwegt mit hoher Intensität an ein bestimmtes Ziel, an einen Wunsch oder an einen bestimmten Gedanken, dann zieht dieser Gedanke (diese Schwingung) wie ein Magnet Unmengen ähnlicher Gedanken an (Gedanken- bzw. Schwingungskette), verschmilzt mit ihnen und wächst dadurch, was ihre Wirkung immens verstärkt. Dies geht so lange, bis der Gedanke derart gewachsen ist, dass er sich in die physische Welt manifestiert. Je stärker Deine Aufmerksamkeit, desto stärker die dabei erzeugte Schwingung. Vergleiche es mit einem Radio. Ein Radiosender kann ungenau justiert sein, so dass er sehr unscharf klingt. Stellt man die Schwingungsfrequenz richtig ein, ist plötzlich alles klar und deutlich zu verstehen. Deine Aufmerksamkeit ist etwas ungemein Kostbares. Du kannst sie mit einer Einladungskarte vergleichen – wem und was immer Du Deine Aufmerksamkeit bzw. Deine Einladungskarte schenkst, kommt in Dein Leben. Du solltest Deine Aufmerksamkeit deshalb nur auf das richten, was Dir gefällt, sei es in der Außenwelt oder in Gedanken. Richte sie nicht auf das, was Dir das Leben vermiest.

„Wenn Sie das Denken nicht beherrschen, beherrscht das Denken Sie! Gedanken, die Sie nicht loslassen, werden Ihr Los!" (Arthur Lassen)

Wie der Mensch denkt, so ist er. Ganz egal, was wir denken, unsere Gedanken tragen unsere ganz persönliche Signatur, unser individuelles Markenzeichen, unseren inneren Stempel, unsere geistige Unterschrift und sind somit untrennbar mit uns verbunden, so dass sie dank des Gesetzes der Anziehung zuverlässig zu uns, ihrem Schöpfer, zurückkehren. Wir ziehen ohne Ausnahme immer die Gedanken an, die unserem gegenwärtigen Bewusstsein entsprechen. Denkst Du also vorwiegend glücklich, ziehst Du Glück in Dein Leben, denkst Du vornehmlich unglücklich, ziehst Du Unglück in Dein Leben. Behandelst Du Dich selbst schlecht, wird es Dir schlecht ergehen (z. B. wirst Du krank). Was Du „gibst", bekommst Du zurück – das altbekannte Ursache-Wirkung-Prinzip. Die Wirkung auf eine von uns gesetzte Ursache folgt aber nicht unmittelbar auf dem Fuß, sondern es vergeht einige Zeit dazwischen, so dass wir die Wirkung meist gar nicht mehr verstehen. Unser Leben in der Zukunft hängt letztendlich immer von unserer Wahl ab, wie wir jetzt gerade denken.

„Du bist heute das, was Du gestern gedacht hast." (Martin Luther)

„Der Geist ist alles. Was Du denkst, das bist Du." (Buddha)

„Unser Leben ist das, wozu unser Denken es macht." (Marcus Aurelius)

Liebst Du Deine jetzige Arbeit? Wenn nicht, dann kann daraus auch kein Erfolg entstehen, da Deine Schwingung durch Deine Unzufriedenheit mit Deiner Arbeit geprägt ist, also kann daraus auch nur etwas entstehen, was Dich unzufrieden macht. Wenn Du Deine Arbeit liebst, bist Du automatisch erfolgreich in ihr. Liebst Du Dich selbst? Wenn nicht, dann hast Du eine sehr negative Schwingung, die negative Lebensumstände anzieht und es wird anderen Menschen schwer fallen, Dich von Herzen zu lieben. Wenn Du Dich hingegen liebst und wertschätzt, dann wirst Du ein sehr glückliches Leben führen, inmitten von Menschen, die Dich lieb haben. Will ich liebevoll behandelt werden, behandele ich auch meine Mitmenschen liebevoll. Will ich nicht belogen oder betrogen werden, bin ich ehrlich und fair zu anderen.

Das menschliche Unterbewusstsein ist der Schlüssel zur richtigen Schwingung. Was wir dort einpflanzen, uns einprogrammieren, als unsere „Wahrheit" annehmen, verlässt uns als Schwingung. Es ist besonders wichtig zu wissen, dass das Unterbewusstsein nicht zwischen Dir und anderen Menschen unterscheidet. Wünsche ich jemand anderem etwas Gutes, bedeutet das, ich wünsche es mir. Wünsche ich anderen Menschen Glück, wünsche ich mir selbst das Glück. Schwinge ich Glück und Liebe aus, erhalte ich Glück und Liebe zurück. So gesehen „wird" man nicht glücklich, sondern man „macht" sich glücklich. Kannst Du Dir ein Leben voller Glück und Erfolg vorstellen? Wenn nicht, dann wird (vorerst) auch nix draus. Wenn ja, dann freue ich mich sehr für Dich.

Willst Du, dass man Dir Dein negatives Verhalten aus der Vergangenheit verzeiht, dann verzeih auch Du Deinen Mitmenschen ihr negatives Verhalten.

„Wenn Du das Leben liebst, liebt es Dich auch." (Arthur Rubinstein)

Unser Leben spielt sich also an erster Stelle in unserem Inneren ab, erst an zweiter Stelle in der Außenwelt. Je harmonischer ich in meinem Inneren bin, desto harmonischer auch die Außenwelt. Denke nur einmal an den Zustand verliebter Menschen. Sie sehen alles durch eine rosarote Brille und selbst der regnerischste Tag im Jahr ist für sie ein Tag des Glücks. Warum? Weil sie eine Schwingung im Frequenzbereich „Glück" aussenden und somit auch nur für Glück empfänglich sind (denk an das Radio-Beispiel). Wenn es IN Dir schön ist, dann sind alle Dinge der Welt schön. Kurzum: Innen gut, außen gut, alles gut. Im Grunde ein relativ einfaches Prinzip.

„Hast Du nach innen das Mögliche getan, gestaltet sich das Äußere von selbst." (Goethe)

„Was hinter uns und was vor uns liegt, sind Kleinigkeiten verglichen mit dem, was in uns liegt." (Emerson)

Die ganze Welt ist quasi ein großes Spiegelbild unseres eigenen inneren Erlebens. Alles, was Du über Deine Mitmenschen, die Welt, Deinen Job, Deine Lebenssituation, die Politik, die Religion, die Umwelt, Deine Heimatstadt, Dein tägliches Essen und auch sonst alles andere denkst, spiegelt wider, was Du über Dich selbst denkst. Lernst Du einen Menschen kennen, so lernst Du in Wahrheit nur Dich selbst kennen. Liebst Du Dich selbst, spiegelt sich das in Deinen Mitmenschen wider. Ich stelle mir immer vor, ich bin in einem riesigen Saal voller Spiegel, in denen ich mich spiegle. Doch in jedem Spiegelbild bin ich ein klein wenig anders, weil jeder Spiegel eine ganz spezielle Eigenschaft von mir hervorhebt. Das „Spiegel-Beispiel" verdeutlicht ganz gut, dass das Geschehen in der Außenwelt, welches wir wahrnehmen, im Grunde das Geschehen in unserem Inneren ist. Unsere Wahrnehmung funktioniert also „spiegelverkehrt".

Wir sehen zwar etwas „vor" uns, in Wahrheit ist es aber in entgegen gesetzter Richtung, nämlich „in" uns.

„Das Leben ist ein Spiegel: Wenn Du hineinlächelst, lächelt es zurück." (George B. Shaw)

„Willst Du Dich selbst erkennen, so sieh, was die anderen treiben. Willst Du die anderen verstehen, blicke in Dein eigenes Herz." (Schiller)

In einer alten Sufi-Geschichte wird der „Spiegeleffekt" besonders gut dargestellt:

Ein Mann kam in ein Dorf und fragte den dortigen Sufi-Meister: „Kannst Du mir raten in dieses Dorf zu ziehen? Wie sind die Leute hier? Freundlich oder unfreundlich?" Der alte Sufi-Meister entgegnete: „Wie waren denn die Leute da, wo Du herkommst?" Der Mann antwortete, dass sie alle unfreundlich und unverschämt, streitlustig und ungehobelt waren. Mit einem Lächeln sagte der Sufi-Meister: „Bei uns sind die Leute genauso." Daraufhin entschied sich der Mann, nicht in das Dorf zu ziehen und zog weiter. Als kurz darauf ein anderer Fremder zum Sufi-Meister kam und auch wissen wollte, ob es sich denn lohnt, in dieses Dort zu ziehen und wie die Leute sind, wollte der Sufi-Meister wieder wissen, wie die Leute dort waren, von wo er gekommen war. „Alle nett und freundlich, verständnisvoll und hilfsbereit", war die Antwort. Der Sufi-Meister sagte daraufhin: „Genauso sind auch die Menschen in diesem Dorf."

Diese alte Geschichte verdeutlicht sehr gut, dass die Wesensmerkmale und charakterlichen Attribute, die wir in unseren Mitmenschen bemerken, auch in uns sind und dass unsere Schwingung ebensolche Menschen anzieht (Gleiches zieht Gleiches an und wird durch Gleiches verstärkt).

Gefühle haben eine sehr starke Wirkung auf uns. Allein der Gedanke an etwas Unangenehmes reicht aus und sofort schlägt unser Herz schneller, wohingegen uns ein Gedanke an etwas Erfreuliches innerlich aufblühen lässt. Deine Psyche bzw. Dein Unterbewusstsein reagiert am Besten auf Gefühle und emotionale Bilder, deshalb ist Deine Gefühlswelt ganz besonders wichtig beim Wünschen. Emotionen rufen die bildliche Vorstellung auf und laden Deine Gedanken mit einer gehörigen Portion Energie auf, die das Manifestieren erst möglich machen. Darum lade Deine Wunschvorstellung mit positiven Emotionen, dem unerschütterlichen Glauben, dass sie bald wahr wird und mit kindlicher Freude auf. Je mehr emotionale Substanz in Deinen Wünschen enthalten ist, desto mehr kann Dein Unterbewusstsein den Wunsch annehmen. Wenn Du diesen Prozess oft genug wiederholst, brennt sich Dein Wunschbild, Dein Ziel in Deine Psyche ein. Daraus entstehen mit der Zeit ganz neue Denkmuster, welche die Manifestation des Wunsches unterstützen. Alles, was uns in eine Situation versetzt, in der wir intensive Gefühle verspüren, verstärkt unsere Schwingung, sei es, das sie höher oder niedriger schwingt. Dein Wunschbild kann also ohne Gefühle nicht wahr werden.

„Alles, was Du Dir im Geist vorstellst, wird Wirklichkeit, wenn Du nicht aus dem Licht des Herzens heraustrittst". (Indianische Weisheit)

Die Qualität unserer Gedanken und Gefühle bestimmt die Qualität unseres Lebens. Nimmst Du Einfluss auf Deine Gedanken, nimmst Du Einfluss auf Dein Leben. So wie sich Pflanzen aus dem Samen entwickeln, so entwickelt sich auch jedes menschliche Leben aus dem Samen der menschlichen Gedanken und Gefühle. Es kann sich in Deinem Leben keine Erfahrung ereignen, die nicht in Resonanz mit Deinem Unterbewusstsein steht.

„Kluge Menschen suchen sich die Erfahrungen aus, die sie zu machen wünschen." (Arthur Schlesinger)

Da Du nun weißt, dass Dein heutiges Denken darüber bestimmt, was Du morgen für ein Leben hast, sollte Dir klar sein, dass nur DU allein die Verantwortung hast, und zwar für alles, was Dir widerfährt, ob Gutes oder Schlechtes. Es ist unsinnig, wenn man sich für jeden Wunscherfolg selbst auf die Schulter klopft und sich zu dieser grandiosen Spitzenleistung gratuliert, aber für jeden Misserfolg einen Schuldigen parat hat. Es ist **Dein** Leben. Du selbst bist die Ursache für jeden glücklichen Lebensumstand und für jedes Problem in Deinem Leben. Du und niemand sonst. Da wir unser Leben durch unsere Gedanken und Gefühle formen und lenken, sind auch nur wir selbst in der Lage, uns aus selbst verursachten, unangenehmen Lagen zu befreien.

Wenn wir uns vorstellen, dass das Leben eine Straße ist und jeder mit seinem Auto unterwegs ist, dann sollte auch klar sein, dass man selbst der Fahrer ist und am Steuer sitzt. Nur wir selbst können lenken, steuern, Gas geben, blinken, abbiegen und bremsen – niemand sonst kann das für uns tun, weil nur wir die Kontrolle und die Macht über unser „Lebens-Steuerrad" haben. Selbst in Deinem aller miserabelsten Zustand bist Du weiterhin der Einzige, der Macht über Dein Leben hat, es kreiert und erschafft.

Das Gesetz der Anziehung heißt nicht nur so, es ist tatsächlich ein Gesetz, es wirkt immer und jederzeit, ob Du nun daran glauben magst oder nicht.

Fassen wir noch einmal kurz zusammen: Alles, woran wir glauben, was wir annehmen, wird zur Wirklichkeit. So wie Du Deine Gedanken wählst, so wählst Du auch Deine Lebensumstände. Kein Mensch, ob Profisportler, Spitzenpolitiker oder Industrieunternehmer, kann ohne die richtigen Gedanken und Gefühle erfolgreich sein. Wenn man sich das Gesetz der Anziehung fest verinnerlicht hat, kann man sich also das Leben zum Geschenk machen, welches man schon immer wollte, indem man mit der Zeit nur noch Gedanken des Glücks und der Freude denkt. Allein dieser Gedanke, dass man sein Leben selbst bestimmt, gibt unglaubliche Lebensfreude. Ist Dir einmal diese Erkenntnis gekommen, so kannst Du augenblicklich Dein Denken und Handeln bewusst und gezielt ändern, was bedeutet, dass Du eine neue, von Dir gewollte Ursache setzt, so dass dadurch auch eine neue, von Dir gewollte Wirkung in Dein Leben kommt. Wer Disharmonie in sich schafft, sei es durch Gedanken, Worte oder Taten, der wird mit den dadurch entstehenden Konsequenzen zu leben haben. Also wozu überhaupt disharmonische Ursachen setzen??? Es ist uns Menschen angeboren, Harmonie anzustreben, nicht Disharmonie, das Glück zu bevorzugen, statt das Unglück. Jedes Leiden ist wider die Natur, ist absolut „unnormal“ und macht uns darauf aufmerksam, dass wir nicht das glückliche Leben führen, welches wir führen *wollen*.

Deine Gefühle sind eine Art Wegweiser. Zuverlässiger als das beste Navigationssystem der Welt zeigen sie Dir stets an, ob Du gerade positive oder negative Lebensumstände erschaffst. Fühlst Du Dich gut, kannst Du Deine Gedanken beibehalten, fühlst Du Dich schlecht, ersetze Deine schlechten Gedanken durch gute.

„Wenn ich Gutes tue, fühle ich mich gut. Wenn ich Schlechtes tue, fühle ich mich schlecht. Das ist meine Religion.“ (Abraham Lincoln)

Deine Wunschliste kann übrigens endlos lang sein, denn Du hast unendlich viele Wünsche frei. Es gibt keine Grenze nach oben und auch keine nach unten. Es gibt nur die Grenzen, die Du Dir selbst auferlegst. Freier Wille eben.

„Dem Geist sind keine Grenzen gesetzt, außer denen, die er als solche anerkennt.“ (Napoleon Hill)

„Es gibt kein Hindernis, das man nicht zerbrechen könnte, denn das Hindernis ist nur des Willens wegen da, und in Wahrheit sind keine Hindernisse als nur im Geist.“ (Jüdisches Sprichwort)

„Was der Geist ersinnen kann, das kann er auch erreichen.“ (M. Clement Stone)

„Alles, was denkbar ist, ist auch machbar.“ (Sokrates)

Nun mag der eine oder andere Leser einwenden, dass das alles esoterischer Humbug sei, da nach dem Prinzip des Gesetzes der Anziehung unser Leben ja in Nullkommanix in bester Ordnung sein müsse, ohne Pech, Krankheiten und Probleme.

„Alle großen Wahrheiten beginnen als Blasphemie." (George B. Shaw)

Des Rätsels Lösung ist relativ einfach: Wenn wir ehrlich zu uns selbst sind, werden wir uns eingestehen müssen, dass unsere Gedanken meist unkontrolliert und zügellos sind, dass in unserem Kopf ein großes Drunter, Drüber und Durcheinander herrscht. Asiaten vergleichen Gedanken oft mit dem Meer, welches ständig in Bewegung ist, voller Wellen und Strömungen. Ganz egal, wie leise und still es um uns herum gerade auch ist, das Gehirn schaltet nicht ab, unzählige Bilder, Erinnerungen und Stimmen schwirren pausenlos in unserem Kopf umher, unser Geist hüpft unentwegt von einem Gedanken zum nächsten und jeder Gedanke, den Du denkst, ist eine Art Selbstgespräch. Stell Dir vor, Du führst in der Außenwelt tausend Gespräche gleichzeitig. In diesem Zustand hättest Du kaum die Kontrolle über jedes Gespräch, nicht wahr!? Wie wenig Macht Du über die eigenen Gedanken hast, veranschaulicht folgendes Beispiel. Was passiert wohl, wenn ich Dir sage: „Denk jetzt bloß nicht an eine gelbe, reife Banane, auf gar keinen Fall, unter keinen Umständen!" Genau! Du denkst an sie, ob Du nun willst oder nicht. Uns geht es aber darum, Herr über die eigenen Gedanken zu werden und nur noch das zu denken, was wir wollen und was uns gut tut. Das tun derzeit die wenigsten Menschen auf der Welt.

„Wir leben in einem gefährlichen Zeitalter. Der Mensch beherrscht die Natur, bevor er gelernt hat, sich selbst zu beherrschen." (Albert Schweitzer)

Wie oft fühlst Du Dich in Deinem Leben sorgenvoll, wütend, gelangweilt, verbittert, ungerecht behandelt, gestresst, machtlos, unsicher oder ängstlich? Der Mensch denkt etwa 43.000 unbewusste Gedanken pro Tag, die meist von schädlichen Glaubenssätzen, Ängsten, Zweifeln und Unsicherheiten geprägt sind, welche sich im „realen Leben" als unglückliche Lebensumstände zeigen. Was Du tief in Dir oft unbewusst denkst, das zeigt die größte Wirkung in deinem Leben. Die meisten Menschen wissen nichts vom Gesetz der Anziehung und halten sich für klein und machtlos, dem Schicksal oder sonstigen „höheren Mächten“ schutzlos ausgeliefert. Du aber hast nun erfahren, dass Du mittels Deiner Gedanken und Gefühle Dein Leben erschaffst. Somit weißt Du, dass Du nur Dir selbst ausgesetzt bist.

Mache doch einmal folgenden Test. Schließe für eine Viertelstunde die Augen und beobachte Deine Gedanken, die Dir in dieser Zeit durch den Kopf gehen. Danach nimm einen Stift und notiere ALLES, was Du gedacht hast, auf einen Zettel. Dabei kommen ganz schön verrückte Sachen zutage, die man beispielsweise in einem Bewerbungsschreiben sicherlich nicht erwähnen würde. Du wärst vermutlich selbst erstaunt, was Dir so alles durch den Kopf geht. Ein Shaolin-Meister würde auf den Zettel vermutlich nur schöne und harmonische Dinge aufschreiben, weil er durch jahrelange Gedankenhygiene und Konzentrationstraining seine Gedanken in der betreffenden Viertelstunde mit spielerischer Leichtigkeit in eine von ihm gewünschte Richtung gelenkt hätte, oder aber er würde gar nichts aufschreiben, weil er 15 Minuten lang an nichts gedacht hätte. Was sagt uns das? Dass ein Shaolin-Mönch in einer höheren Bewusstseinsebene zu Hause ist, als ein durch Stress, Hektik, Unwissenheit und Sorgen in Mitleidenschaft gezogener Mensch. Man kann auch sagen, dass in den vier mentalen Bereichen Gedankenkraft, Aufmerksamkeitssteuerung, Selbstbeherrschung und Konzentrationsfähigkeit der Shaolin-Mönch mit einer Rakete zu vergleichen wäre, während der sorgenvolle Mensch in der sogenannten „Leistungsgesellschaft“ als ein lahmes Zweirad zu bezeichnen wäre. Dabei ist der unter Stress stehende Mensch nur **einen Gedanken** weit entfernt von einem besseren und vorteilhafteren Bewusstseinszustand, denn er hat die Willensfreiheit, jeden Tag an sich zu arbeiten. Mit nur einem einzigen, starken Gedanken kann er sich ein schönes und glückliches Leben voller Zufriedenheit manifestieren. Nichts hält ihn ab davon. Er hat den freien Willen und kann selbst entscheiden, welche Prioritäten er sich im Leben setzt. Du kannst Dir jedes beliebige Ziel setzen und es erreichen, wenn Du weißt, WIE. Erinnere Dich jeden Tag an folgende unumstößliche Wahrheit:

Du kannst sein, was immer Du willst!!!

Wenn man sich voll und ganz dem Erreichen eines bestimmten Ziels gewidmet hat, dann gibt es keine Grenzen! GEHT NICHT GIBT ES NICHT!!! Dass es etwas gibt, was sich nicht erreichen lässt, ist das größte, am weitesten verbreitete und dümmste Erwachsenenmärchen auf der Erde.

„Vom Gedanken zur Tat, von der Tat zur Gewohnheit, von der Gewohnheit zum Charakter, vom Charakter zum Schicksal.“ (Gottfried Keller)

Checkliste:
Du wirst alles, was Du in Deinem Bewusstsein jetzt schon bist. Behandle andere so, wie Du selbst gerne behandelt werden möchtest.

2. Wie wünscht man richtig?

„Unsere Wünsche sind Vorgefühle der Fähigkeiten, die in uns liegen, Vorboten desjenigen, was wir zu leisten imstande sein werden.“ (Johann Wolfgang von Goethe)

Es gibt verschiedene Zutaten, die einen Wunsch wahr werden lassen. Da ich die einzelnen Wunschschritte bereits in meinem ersten Buch „Das glückliche Taschenbuch – Warum Wünschen kein Märchen ist“ über mehrere Kapitel lang ausführlich beschrieben habe, folgt hier nur ein kurzer Gesamtüberblick:

Was wünschst Du Dir?
"Wenn Du das Ziel kennst, findest Du auch einen Weg!" (Laotse)

Folgende Fragen sollten geklärt sein: Welchen Wunsch hast Du und warum hast Du ihn? Bist Du innerlich motiviert genug, um diesen Wunsch bald erfüllt zu bekommen? Und welche motivierenden Aktionen ergeben sich daraus? Wie würde Deine „perfekte Woche" aussehen? Was möchtest Du in dieser Zeit erleben? Und warum? Was hast Du davon und wie viel ist es Dir wert? Kläre diese Fragen, denn ohne einen exakten, konkreten Wunschtraum hast Du keine genaue Richtung und kommst niemals da an, wo Du hin willst.

„Ein Traum ist unerlässlich, wenn man die Zukunft gestalten will." (Victor Hugo)

Bekomme heraus, was Du WIRKLICH willst und auch WANN Du es willst (z. B. dieses Jahr). Willst Du Reichtum, benennst aber keine zeitliche Obergrenze, kann es passieren, dass Du mit 99 Jahren plötzlich reich wirst. Achte immer auf Widersprüche in Deinen Wünschen. So wollen viele gläubige Christen alle in den Himmel, aber im Grunde will niemand von ihnen sterben. Ganz wichtig: Erzähle Deine Wünsche nicht weiter, behalte sie für Dich.

Schreibe Deinen Wunsch auf
„Entwickeln Sie die Disziplin des schriftlichen Festhaltens neuer Ideen und Möglichkeiten. Es ist der erste Schritt, um sie zu verwirklichen." (Lee Iacocca)

Schreibe Deinen Wunsch möglichst schnell auf, damit Dein Verstand ihn nicht mit rationalen Überlegungen verfälscht. Die Formulierungen müssen immer positiv formuliert sein, also nicht „Ich will nicht arm sein", sondern „Ich will reich sein". Am Schluss jeder Formulierung kann man noch schreiben *„...in einer für mich angenehmen Art und Weise"*. Und wichtig ist es, den Wunsch so aufzuschreiben, dass keine Missverständnisse entstehen können. Wünsche ich mir z. B. mehr Liebe, kann es sich dabei um die Liebe zwischen Mann und Frau, Mutter und Kind oder auch Mensch und Haustier handeln.

Wenn Du Deinen Wunsch aufgeschrieben hast, dann unterziehe den Text einer Prüfung. Lies ihn laut vor und achte auf Deine Gefühle. Je mehr Glücksgefühle Du dabei empfindest, desto mehr ist Dein Unterbewusstsein an dem Wunsch beteiligt. Ist das Gefühl nicht besonders intensiv, dann kann Dein Unterbewusstsein mit dieser Wunschformulierung wahrscheinlich nichts anfangen. In dem Fall handelt es sich dann eher um einen „Kopfwunsch" und Du solltest Dir eine Formulierung ausdenken, die wirklich von Herzen kommt. Übrigens: „Fortgeschrittene Wünscher" können anstelle einer langen Wunschformulierung auch eine Art Codewort benutzen, welches das Unterbewusstsein an den dahinterstehenden Wunsch erinnert.

Lasse dem Universum genug Freiraum

Ich sende einen Wunsch ab, sage aber nicht, WIE dieser Wunsch in Erfüllung zu gehen hat. Damit belaste ich mich erst gar nicht. Warum sollte ich mir den Kopf damit zerbrechen, wie und auf welche Weise mein Wunsch erfüllt wird? Dafür ist mir meine Zeit zu kostbar. Ich lasse dem Universum genug Freiraum, den Weg zur Wunscherfüllung selbst zu bestimmen.

Ein Beispiel: Nehmen wir an, eine Frau verliebt sich in ihren Nachbarn namens Frank. Sie wünscht sich ihn zu heiraten mit der Formulierung „Ich will Frank heiraten". Anstatt sich einfach eine glückliche Partnerschaft mit dem Mann, der am Besten zu ihr passt, zu wünschen, schränkt sie den Spielraum des Universums ein. Nun kann es zu einer Hochzeit zwischen der Frau und ihrem Nachbarn Frank kommen, die aber nur drei Monate hält, weil sie disharmonisch und unglücklich verläuft. Man sollte sich also z. B. niemand Bestimmtes als Partner wünschen. Man kann es beruhigt dem Universum überlassen, die richtige Wahl zu treffen.

Erlebe Deinen Wunsch als erfüllte Realität

Nachdem der Wunsch abgesendet wurde, genieße in der Zwischenzeit die Vorstellung, er sei bereits erfüllt. Tu so, als ob Dein Wunsch schon Wirklichkeit ist und er wird es bald sein. Ich stelle mir vor, wie ich in ein Taxi einsteige und sage: „Bitte zu meiner Wunscherfüllung." Und der Taxifahrer antwortet: „Sie sind doch schon da." Wenn man so tut, „als ob", dann wird es für unser Unterbewusstsein „nackte Realität". Stell Dir in Deiner Phantasie vor, dass Du bereits den neuen Wagen, das gewünschte Haus, den ersehnten Traumpartner oder die gewünschte Gesundheit hast. Sollte sich die menschliche „Vernunft" einmischen und Zweifel suggerieren, ignoriere sie, denn Du hast sie nicht um ihre Meinung gefragt. Wenn sie die richtige Einstellung hat, darf sie was sagen, alles was schädlich ist, kann sie gerne für sich behalten. Wenn man beim Wünschen Mangelgefühle verspürt, dann liegt es daran, dass man gedanklich und gefühlsmäßig nicht in Einklang mit dem Wunsch ist. Wichtig ist es, beim innerlichen Erleben ausschließlich positive Gefühle zu empfinden. Dein Unterbewusstsein lebt quasi von Gefühlen, darum sage ihm: „Mein Wunsch wird wahr. Warum? Weil er es (in meiner Phantasie) schon ist!"

Lass Deinen Wunsch los

Stelle Dir Deinen Wunsch als Brieftaube vor. Solange Du Deine „Brieftaube" festhältst, kann sie nicht los fliegen und somit kann sich Dein Wunsch auch nicht erfüllen. Kleinigkeiten, wie sich einen Parkplatz wünschen, gelingen den meisten Menschen, weil sie den Wunsch losgelassen haben und nicht mehr daran kleben, weil sie keine Angst- und Mangelgefühle diesbezüglich aussenden, weil es für sie kein Weltuntergang ist, wenn sie keinen Parkplatz bekommen. Mein Motto ist: Brauche nichts, wünsche alles! Wünsche Dir zwar etwas, aber bewahre auch einen gewissen Abstand dazu; sei auch dann glücklich, wenn der Wunsch noch nicht erfüllt ist. Wenn Du das schaffst, kommt Deine Wunscherfüllung zu Dir, so wie auch eine Brieftaube immer in ihren Schlag zurückkommt.

„Was Du liebst, lass frei. Kommt es zurück, gehört es Dir - für immer." (Konfuzius)

„Indem man loslässt, geschieht alles wie von selbst. Die Welt wird gemeistert von jenen, die loslassen." (Laotse)

Achte auf Hinweise

Nachdem der Wunsch abgeschickt wurde, geht es nun darum, auf Hinweise bezüglich Deiner Wunscherfüllung zu achten. Das kann alles Mögliche sein: Eine Bemerkung eines Arbeitskollegen, ein Satz in einem Buch, eine Straßenumleitung, die Dich dazu bringt, gewohnte Pfade zu verlassen usw. Nur so kannst Du Deinen erfüllten Wunsch auch empfangen und zur richtigen Zeit am richtigen Ort sein.

Feiere Deine Wunscherfüllung

Nachdem Du Deine Wunscherfüllung erhältst, feiere sie und belohne Dich selbst mit etwas, was Dich besonders erfreut.

Jeder Wunsch ist ein Signal dafür, dass das Glück weiter zunehmen will.

So - das ist das Einmaleins des richtigen Wünschens in aller Kürze. Wie bereits erwähnt, steht in meinem Buch „Das glückliche Taschenbuch – Warum Wünschen kein Märchen ist" alles detaillierter und ausführlicher beschrieben. Im vorliegenden Werk geht es primär um bestimmte Energie – Verstärker, die Dir in Kombination mit der entsprechenden Imagination und/oder Affirmation helfen sollen, Deine Wunschschwingung zu verstärken.

3. Glücklich sein ist Dein natürlicher Zustand

Jeder Mensch ist immer nur für das empfänglich, wofür sein Bewusstsein offen ist. Ich wünsche mir, dass mein Buch Dir nützliches Wissen vermittelt, Dich informiert, Dich in Form bringt, eine bestimmte Gedankenform IN Dir bewirkt, aus der heraus Du besser verstehst, wie wichtig Deine alltäglichen Gewohnheiten sind. Es wird Menschen geben, die vielleicht zu jedem gut gemeinten Hinweis laut sagen: „Weiß ich doch schon längst alles", es aber dennoch in ihrem Leben nicht regelmäßig und beständig anwenden, so dass sie zwar in der Theorie viel wissen von Glück und erfüllten Wünschen, es aber immer noch nicht erleben, es immer noch nicht zu einer Lebenserfahrung gemacht haben. Solange das der Fall ist, hat sich das Wissen noch nicht entfaltet bzw. nicht bewährt im Leben, ist völlig nutzlos und keine fünf Cent wert. Das Gesetz kennen und damit Erfolg haben, sind zwei völlig verschiedene Angelegenheiten, die nicht im Entferntesten etwas miteinander zu tun haben. Man kann auch Bücher lesen und Filme anschauen, die das Thema Sexualität behandeln, aber das bedeutet noch lange nicht, dass man damit umgehen kann. Von Bedeutung ist immer nur jenes Wissen, welches auch gelebt wird.

„Alles gelernt, nicht um es zu zeigen, sondern um es zu nutzen." (G. Chr. Lichtenberg)

„Sage es mir, und ich werde es vergessen; zeige es mir, und ich werde es behalten; lass' es mich tun, und ich werde es können!" (Unbekannt)

Bevor wir zu den 100 Energie-Verstärkern kommen, gilt es zuerst einmal die wichtigsten Voraussetzungen für eine hohe Grundschwingung zu schaffen und somit den Weg dahin vorzubereiten.

„In allen Dingen hängt der Erfolg von den Vorbereitungen ab." (Konfuzius)

„Das Ziel erreicht man mit dem letzten Schritt, alles andere ist Vorbereitung." (Bert Hellinger)

Zunächst einmal sollte klar sein: Du hast ein Anrecht auf ein glückliches Leben, so wie alle anderen Menschen auch. Nur darum sind wir auf der Welt. Lass Dir nichts anderes erzählen. Ein jeder Mensch ist absolut einzigartig. Du bist eine Kombination verschiedenster Wesensmerkmale, Eigenschaften und Talente. Du bist auf dieser Welt, weil es Dinge gibt, die nur Du allein tun kannst. Niemand sonst kann es. Und indem Du es tust und dabei in Deiner unvergleichlichen, besonderen Art glücklich bist, bereicherst Du unser aller Dasein. Vergiss also bitte niemals, dass Du hier bist, weil das Universum **Dich braucht**, ganz speziell **Dich** mit Deinen

Eigenschaften, Fähigkeiten und Kenntnissen, genau so, wie Du jetzt bist.

„Jeder Mensch ist ein einmaliger Mensch und tatsächlich, für sich gesehen, das größte Kunstwerk aller Zeiten." (Thomas Bernhard)

Vielleicht klingt das alles sehr „unrealistisch", wenn Du noch nie zuvor vom Gesetz der Anziehung gehört hast. Wenn Du lieber daran glaubst, dass Du, der wunderschöne Planet, auf dem Du lebst und das gesamte Universum nur Zufallsprodukte, eine Laune der Natur und aus einem großen (Ur) Knall entstanden seid, dann ist das ganz allein Deine Sache. Dies ist die Logik einer gefühlsarmen Zufallsgesellschaft, die nicht Dein Glück im Auge hat. Wichtig ist aber die Frage, ob es auch Deine Logik ist. Denn wenn nicht, dann vergiss sie lieber ganz schnell.

„Die Natur ist nicht eine zufällige und mechanische Zusammenstellung von allerhand Massen und Material, die sinn- und ziellos in totem mechanischem Lauf sich gestalten und ewig umgestalten, sondern sie ist die Darstellung, die Manifestation eines in uns unbewusst wirkenden lebendigen Wesens und Geistes. In ihm ist alles Vergangene ebenso lebendig, wie alles Gegenwärtige, und weil er schöpferisch ist, schafft er auch alle Zukunft. (Edgar Dacqué)

Wenn Du Dich nicht zu den Anhängern der bequemsten Religion bzw. Glaubensrichtung der Welt, nämlich der Religion des Zufalls, zählst, dann pfeif auf sie. Ich persönlich kenne eine Million Gründe, die gegen solch eine Denkweise sprechen, keinen einzigen, der dafür spricht, aber entscheide selbst. Du kannst gerne daran glauben, Du seiest ein Unfall der Evolution, ein biologischer Roboter, der aufgrund von elektrischen Hirnimpulsen reagiert und von chemischen Vorgängen innerhalb des Körpers gesteuert wird, keine Seele besitzt und nach seinem physischen Ableben für immer und ewig „weg" ist, aber bedenke, dass Du Dich damit selbst von grenzenlosen Möglichkeiten fernhältst. Lasse Deinen Maßstab immer Dein persönliches Glücksgefühl sein, denn nur was Dich glücklich macht, ist RICHTIG. Und alles, was Dich unglücklich macht, ist FALSCH!!!

Woran willst Du glauben? Wofür willst Du leben? Es steht Dir frei, Dich für eine Sichtweise zu entscheiden. Willst Du ein biologischer Automat sein, der mit sechs Jahren in die Schule gesteckt wird, später eine lieblose Arbeit verrichtet, keinen Sinn im Leben sieht außer schuften, konsumieren und fernsehen, und der bis zu seinem physischen Ableben ein guter Dienstleister ist, der sich nicht mit spirituellem Quatsch befasst hat, weil das alles pure Zeitverschwendung ist? Oder ist so ein Leben mit solch einem sinn- und trostlosen Lebensinhalt nicht eher Zeitverschwendung bzw. die Verschwendung wertvoller Lebenszeit? Die Antwort kannst Du FÜHLEN!!! ICH vertrete folgende Ansicht: Allein schon die Tatsache, dass es Dich gibt, ist ein unbeschreibliches Wunder. Und Du WEISST tief in Dir drin, dass Du mehr bist als nur ein Körper, dessen biologische Uhr eines Tages abläuft und der nur nach seiner Arbeitsleistung für eine Arbeit, die ihn womöglich gar nicht glücklich macht, bewertet wird.

Es gibt nur eine einzige, alles entscheidende Frage, die Du Dir in Bezug auf Deine Weltsicht stellen musst: „Macht mich diese Sichtweise glücklich?" Dein persönliches Glück ist das Maß aller Dinge!!! Wenn Deine jetzige Sichtweise Dich nicht glücklich macht, dann ist sie nicht richtig - nicht gut für Dich. Es wird also Zeit für eine neue Sichtweise, die Dich glücklich macht.

Stell Dich als ein Gefäß vor, in welches Du Glück und Unglück gießen kannst. Je mehr Glück Du in Dir aufnimmst, desto größer und stärker wirst Du, desto mehr wächst Du, desto mehr lebst Du. Je mehr Unglück Du in Dich lässt, desto kleiner, schwächer und kränker wirst Du, bis Du irgendwann tatsächlich ein biologischer Roboter wirst, dem Glücksgefühle fremd sind, der nur ums Überleben kämpft, statt richtig zu leben.

„Ein Leben ohne Glück ist wie eine Reise ohne Gasthaus." (Demokrit)

Wer glaubt, durch bloßen Zufall ins Leben gekommen zu sein, auf eine Welt, die ebenfalls zufällig entstanden ist, wird mit einer unüberwindbaren Angst vor zufälligen, negativen Ereignissen in die

Welt schreiten und durch seine Schwingung diese Sichtweise ständig bestätigt bekommen. Es wird ihm kaum möglich sein, die Macht über das eigene Leben zu erlangen und an sich und sein wahres Potenzial zu glauben. Er wird zweifelsgeschädigt und unglücklich sein. Der Mensch, der sich selbst als etwas Wertvolles und Zufallsfreies sieht, denkt positiv, setzt das Beste voraus und weiß, dass eine höhere Macht will, dass er ein glückliches Leben hat und dass dies das einzig Richtige ist. Jeder Mensch, der sich als etwas Schönes, Positives und Wertvolles sieht, ist sich seines Selbst um ein Vielfaches bewusster, als jemand, der alles vom Zufall abhängig macht.

Lebe Dein Leben, sei einfach Du und verkompliziere nicht alles unnötig. So wie die Pflanzen Sonnenstrahlen und Wasser benötigen, um Pflanzen zu bleiben, so brauchen wir Menschen die Gefühle des Glücks und der Liebe, um menschlich zu bleiben. Glück ist ebenso wichtig wie die Luft zum Atmen. Nur wer glücklich lebt, lebt wirklich!!! Erlaube Dir selbst, der glückliche Mensch zu werden, als der Du schon immer gedacht warst.

„Frage Dich nicht, was die Welt braucht. Frage Dich, was Dich lebendig macht und dann geh' hin und tue das Entsprechende. Denn die Welt braucht nichts so sehr, wie Menschen, die lebendig geworden sind." (John Eldredge)

<u>Checkliste:</u>
Je glücklicher Du bist, desto glücklicher bin ich, die Welt, das Universum. Es ist Dein natürlicher Zustand, glücklich zu sein. Das Leben soll Spaß machen!!!

4. Dein alltäglicher Wunschtag

Es gibt zahlreiche Menschen, die sich darüber beklagen, dass sie wie ein Hamster im Laufrad ständig beschäftigt sind und somit keine Zeit für die Erfüllung ihrer Wünsche haben.

„Beklage nicht, was zu ändern ist, aber ändere, was zu beklagen ist.“ (Shakespeare)

Zeit ist ebenso wie das Gesetz der Anziehung vollkommen wertfrei, es interessiert die Zeit nicht, was der Mensch mit ihr anfängt. Nicht die Zeit ist verantwortlich dafür, wenn sie nicht genutzt wird, sondern einzig und allein der Mensch. Wir sollten UNS managen, nicht die Zeit. Wenn es keine Gelegenheiten gibt, um seine Wünsche wahr zu machen, dann schafft man sie sich eben selbst. Warte nicht jahrelang darauf, dass das Leben Dir eine Chance in Form von genügend Zeit bietet. Vielleicht kommt es nie dazu. Wer sich auf andere verlässt, ist meistens verlassen, also verlasse Dich lieber auf Dich selbst. Sei ein Mann bzw. eine Frau der Tat. Es liegt nicht in unserer Macht, einen Tag länger als 24 Stunden zu machen, aber es liegt sehr wohl in unserer Macht, die Stunden des Tages so gut wie möglich für unser persönliches Glück zu nutzen. Es gibt nun einmal Dinge in Deinem Leben, die Du direkt kontrollieren und beeinflussen kannst, und dazu gehört die Entscheidung, was Du mit Deiner (Frei-) Zeit anstellst, wie Du sie nutzt. Das ist eine der wichtigsten Entscheidungen überhaupt. Mit „Zeit nutzen“ meine ich nicht, sich einen speziellen „Wunschtag“ am Ende der Woche einzurichten oder wenige Minuten täglich etwas für die Erfüllung seiner Wünsche zu tun, und seine Wünsche für den restlichen Tag bzw. die restliche Woche wieder zu vergessen. Ich meine mit „Zeit nutzen“ alltäglich für seine Wünsche etwas zu tun, ohne in Stress und Hektik zu verfallen. Nutze einfach jede einzelne Minute für Deine Wünsche, die Du nutzen kannst. Wozu Zeit verlieren mit sinnlosem Schnickschnack? Wer sich überhaupt nicht um seine Wünsche kümmert, wird sie auch nie erfüllt bekommen. Wer sich nur hin und wieder mit ihnen beschäftigt, wird bestenfalls nur 10% eines Wunsches erfüllt bekommen. Wer sich zu 100% mit seinen

Wünschen befasst, wird sie alle einen nach dem anderen verwirklichen. Eine andere Methode gibt es nun mal nicht.

Also worauf warten wir?

„Es ist nicht zu wenig Zeit, die wir haben, sondern es ist zu viel Zeit, die wir nicht nutzen.“ (Seneca)

„Ist die Zeit das Kostbarste unter allem, so ist Zeitverschwendung die allergrößte Verschwendung.“ (Benjamin Franklin)

„Liebst Du das Leben? Dann vergeude keine Zeit, denn aus ihr besteht das Leben.“ (Benjamin Franklin)

„Kein Mensch ist so beschäftigt, dass er nicht die Zeit hat, überall zu erzählen, wie beschäftigt er ist.“ (R. Lembke)

„Leben ist endlich. Lebe endlich!“ (Anke Maggauer-Kirsche)

Die Woche hat 7 Tage, der Tag hat 24 Stunden, jede Stunde hat 60 Minuten. Mit diesen Rahmenbedingungen müssen sich alle Menschen auseinandersetzen, ob arme oder reiche, kranke oder gesunde, junge oder alte. Die Zeit gilt für jedermann, egal wer man ist. Vor diesem Hintergrund fragte ich mich schon oft, wie ich neben all den zeitaufwendigen Alltagspflichten einen Großteil des Tages für meine Wunscherfüllungen nutzen kann. Wenn jemand nur die Zeit nach einem 8-Stunden-Job, nach dem Einkaufen, nach etlichen Terminen, und nach seiner TV-Lieblingsserie für seine Wünsche nutzt, der hat wenig Aussicht auf Erfolg. Unter solchen Bedingungen ist es nahezu unmöglich, noch positiv zu schwingen. Wie viel von Dir ist noch übrig nach einem schweren, stressigen Arbeitstag? Bist das noch DU oder nur ein Schatten Deines Selbst? Aber keine Sorge, es gibt kein Problem, welches sich nicht lösen lässt. Im Laufe der Jahre fielen mir immer mehr Methoden ein, die es mir ermöglichten, meine täglichen Arbeiten und meine Wunschaktivitäten unter einen Hut zu bringen und miteinander zu kombinieren. Werfen wir mal einen Blick auf die weit verbreitete Art und Weise, wie die meisten Menschen den

Tag nutzen, um ihre Wünsche wahr zu machen. Sie investieren etwa 20 Minuten pro Tag für die Erfüllung ihrer Wünsche mittels Affirmationen oder Visualisierungen und danach widmen sie sich wieder ihrem Leben. Nicht besonders empfehlenswert. Was sind schon 20 Minuten an einem Tag? Der Tag hat 1440 Minuten. 20 Minuten sind weniger als ein Tropfen auf einem heißen Stein, die Wirkung ist kaum der Rede wert! Stell Dir vor, Du baust ein Haus und investierst dafür täglich 20 Minuten Deiner Zeit. In 25 Jahren bist Du dann vielleicht fertig damit, vorausgesetzt Du verlierst vorher nicht die Freude daran. Ebenso wie es nur zwei Gefühlslagen gibt, nämlich Gefühle, die sich gut anfühlen, und Gefühle, die sich schlecht anfühlen, so gibt es auch nur zwei Arten von Aktivitäten: Die, welche Dich Deinen Wunscherfüllungen näher bringen, und jene, die Dich von Deinen Zielen immer weiter wegbringen. Dazwischen gibt es NICHTS!!! Wenn man 20 Minuten etwas für seine Wunscherfüllungen tut, bedeutet das im Umkehrschluss, dass man 1420 Minuten pro Tag NICHTS für die Erfüllung seiner Wünsche tut. Das Verhältnis ist ziemlich unausgeglichen und ungünstig. Das bedeutet in Prozenten ausgedrückt, Du verbringst 1,39% der alltäglichen Tageszeit für die Erfüllung Deiner Wünsche! „Diese 20 Minuten pro Tag sind also nicht das Gelbe vom Ei“, wurde mir schnell klar und ließ mir keine Ruhe.

Nutze die Zeit

„Verlorene Zeit wird nicht wiedergefunden.“ (Benjamin Franklin)

„Den Wert eines Menschen erkennt man zuverlässig daran, was er mit seiner Freizeit anfängt.“ (Karl Heinrich Waggerl)

„Gewöhnliche Menschen denken nur daran, wie sie ihre Zeit verbringen. Ein intelligenter Mensch versucht sie zu nutzen.“ (Arthur Schopenhauer)

„'Keine Zeit!' - heißt: Anderes ist mir wichtiger." (Reinhard K. Sprenger)

„Wer seine Zeit aus der Hand gleiten lässt, lässt sein Leben aus der Hand gleiten; wer seine Zeit in der Hand hält, hält sein Leben in der Hand." (Alan Lakein)

Ich rechnete mir aus, dass ich etwa 8 Stunden täglich mit Schlafen verbringe, damit blieben von den 24 Stunden eines Tages noch 16 Stunden übrig. In diesen 16 Stunden steht es mir absolut frei, etwas für die Verwirklichung meiner Wünsche zu tun. Moment mal, wird hier der eine oder andere einwerfen, das geht doch gar nicht, schließlich muss man ja in diesen verbliebenen 16 Stunden arbeiten, essen und trinken, sich waschen, die Zähne putzen, sich ankleiden, sich rasieren, etwas einkaufen gehen, Termine wahrnehmen und womöglich noch vieles mehr. Das ist richtig, aber das bedeutet ja nicht, dass man wegen all der aufgezählten Alltagsaktivitäten nichts für seine Wunscherfüllungen tun kann. Im Gegenteil. Ob man sich nun duscht, mit dem Auto oder der Bahn unterwegs ist, eine Treppe hoch- oder runtergeht oder etwas isst - alle diese Aktivitäten eignen sich in hervorragender Weise, um etwas für seine Wünsche zu tun. Es gibt natürlich noch viel mehr Aktivitäten, die man als Energie-Verstärker nutzen kann. Näheres dazu im Kapitel „Meine Energie-Verstärker".

Je mehr Du daran glaubst, dass Deine Wünsche sich erfüllen, desto eher wird es dazu kommen. Es gilt also, den nötigen Glauben in sich zu erzeugen. Wie groß wird Dein Glaube auf einer Skala von 1 bis 10 wohl sein, dass sich Dein Ziel manifestiert, wenn Du täglich 10 – 20 Minuten dafür imaginierst und visualisierst? Etwa bei 4 oder 5? Wie würdest Du Dich dabei fühlen? Im Normalfall doch einigermaßen gut und halbwegs zuversichtlich, dass das Imaginieren auch die erwünschten Früchte tragen wird. Dein Glaube an die baldige Wunscherfüllung ist kurz nach einer Imagination meist größer, stärker und mächtiger, als im Laufe des restlichen Tages, weil Du WEISST, dass Du dafür etwas getan hast. Und was glaubst Du wohl, wie groß Dein Glaube wäre, wenn Du anstelle der 20 Minuten täglich mehrere

Stunden für die Erfüllung Deines Wunsches imaginieren und visualisieren würdest, und Dir neue, förderliche Glaubenssätze verinnerlichst, bei denen Du Dich wohl fühlst? Ich kann es Dir sagen: Dein Glaube würde einen regelrechten Quantensprung machen, aus dem kleinen, winzigen Samen des Glaubens wäre eine 10 Meter hohe Eiche des Glaubens geworden, die Deine Skala bei weitem übertrifft. Dein Glaube würde sich ins Unermessliche steigern.

Der Gedanke gefiel mir sofort und ich setzte alles daran, um ihn in die Praxis umzusetzen. Ich praktiziere heute das 70 zu 30-Verhältnis, d.h. 70% meiner Zeit (im Wachzustand) nutze ich für die Verwirklichung meiner Wünsche. Um das zu schaffen, habe ich zuallererst meine Aufmerksamkeit von allen Dingen, Tätigkeiten und Menschen abgewandt, die einen negativen Einfluss auf mich ausübten. Es geht darum konsequent alle positiven Einflüsse zu erhöhen, während man gleichzeitig ALLE negativen Einflüsse aus seinem Leben entfernt. Das ist keineswegs übertrieben und hat nichts mit religiösem Fanatismus und Übereifer zu tun. Auf diese Weise testet man sich nur selbst, wie ernst man seine Wünsche nimmt. Und ich nehme meine Wünsche SEEEEHR ernst und bin gleichzeitig mit Spaß bei der Sache. Ich bin so sehr an der Verwirklichung meiner Wünsche interessiert, dass vor lauter Vorfreude jede Faser meiner Körpers bebt und vor Energie pulsiert. Es ist das reinste Glücksgefühl. Die Erfüllung meiner Wünsche ist das Allerwichtigste in meinem Leben und der Weg dahin macht mir Spaß, wie schon lange nichts mehr. Durch die Erfüllung meiner Wünsche bin ich glücklich, schwinge glücklich und mache andere Menschen glücklich. Je mehr Dir an einem Wunsch etwas liegt, desto leichter fällt es Dir, etwas für seine Erfüllung zu tun. Hast Du einen **echten** Wunsch, dann hast Du ganz automatisch auch den inneren Antrieb, ihn zu verwirklichen. Fehlt Dir dieser Antrieb, diese Motivation, dann ist das darauf zurückzuführen, dass Dir an dem Wunsch nicht wirklich etwas liegt.

„Wer sagt ‚ich kann nicht', der will nicht." (Reinhard K. Sprenger)

Ein Bekannter von mir imaginierte seine Wünsche täglich eine Viertelstunde. Er musste sich aber jedes Mal dazu überwinden und konnte es kaum erwarten, wenn er damit fertig war. Nach dieser „Zwangspflicht“, die ihm keinerlei Freude bereitete, setzte er sich mit einem guten Gewissen auf die Couch und sah sich seine Abendserie an. Von dieser Vorgehensweise kann ich Dir nur ganz dringend abraten. Wenn Dir Deine Wünsche wahrhaftig am Herzen liegen, dann wirst Du auch viel und mit Freude daran etwas für ihre Erfüllung tun, ganz einfach. Wenn Du wirklich etwas willst, dann kommt der Gedanke nach Arbeit und Anstrengung, um es zu bekommen, gar nicht auf. Geht Dir die Zeit, die Du für die Umsetzung Deines Wunsches investierst, auf den sprichwörtlichen Keks, dann ist es kein echter Wunsch. Entweder will ich etwas und stell dafür die gesamte Welt auf den Kopf, oder ich will es nicht und mache keinen Finger krumm. Dazwischen gibt es nichts. Wenn man sich wirklich etwas von Herzen wünscht, dann wird der gesamte Körper, vom Kopf bis zum kleinen Zeh von einer unbeschreiblichen Woge der Begeisterung erfasst. Ich spreche aus Erfahrung. Und dieses freudige Gefühl will ich nicht missen.

„Freude an der Arbeit lässt das Werk trefflich geraten.“ (Aristoteles)

„Ohne Begeisterung schlafen die besten Kräfte unseres Gemütes. Es ist ein Zunder in uns, der Funken will.“ (Johann Gottfried Herder)

Meine innersten Wünsche begeistern mich so sehr, dass ich täglich voller Spaß und Freude etwas für ihre Verwirklichung tue. Die Aktivitäten, denen ich dann nachgehe, empfinde ich nicht als lästige Arbeit, sondern als „Erfüllungsschritte“ zu meinen Wunschträumen. Ich muss mich nicht aufrappeln und dazu zwingen, nein, ganz im Gegenteil, eine innere Kraft erfüllt mich derart mit Energie und Freude, dass ich am liebsten 24 Stunden am Stück aktiv etwas für meine Wunscherfüllung tun will, ich bin dann regelrecht in einem „Schaffensrausch“. Wenn auch Du solch starke Wünsche hast, weißt Du wovon ich rede bzw. schreibe. Wozu überhaupt ein Plädoyer für die eigene Wunscherfüllung halten? Sie geschieht schließlich unseres Glückes wegen.

Sei Dein Wunsch

Eins ist klar: Solange man seine Wünsche und sein Leben als zwei verschiedene Dinge betrachtet, blockiert man sich selbst. Jetzt visualisieren oder imaginieren für seine begehrten Wünsche, und danach nach ganz anderen Prinzipien weiterleben bringt nichts. Verinnerliche Dir, dass Deine Wunschübungen und Dein Leben untrennbar miteinander verbunden sind, dass sie EINS sind und zusammen gehören, dass Dein Leben dafür da ist, Deine Wünsche zu realisieren. Ich überlegte mir dazu verschiedene Methoden, die Du später noch kennenlernen wirst, um alltägliche Dinge, mit denen man zu tun hat, mittels seiner Vorstellungskraft so zu tätigen, dass dadurch der Großteil der Aufmerksamkeit auf die Wünsche ausgerichtet wird. Da Energie der Aufmerksamkeit folgt, werden die im Kopf vorgestellten Wünsche aufgeladen. Die bildhafte Vorstellung ist ein kostbares und überaus effektives Werkzeug zur Gestaltung unseres inneren Erlebens. Und da alles, was innen ist, sich bald auch im Außen zeigt, sollte man sich darin üben, während seiner täglichen Arbeiten immer die inneren Bilder zu erschaffen, die einem Glück und Freude bringen. Meine Lebenseinstellung ist: Ich kann nicht einige Minuten oder Stunden am Tag in meiner Phantasie ein lockerer, glücklicher, reicher und zufriedener Mensch sein, dafür aber in der restlichen Zeit gestresst, unglücklich, arm und unzufrieden sein. Entweder, oder! Beides geht nicht. Ich kann nicht halb arm und halb reich, halb gesund und halb krank sein. Diesen Mittelweg gab es nie, gibt es nicht und wird es niemals geben. Wenn ich meine Schwingung auf Glück, Erfolg und Gesundheit ausrichte, dann nicht nur wenige Minuten am Tag, sondern so oft und so lange wie nur irgend möglich, am Besten das ganze Leben lang. Ich stelle mir oftmals vor, meine Wünsche seien meine Kinder, die ich liebe und die nur dann glücklich sind, wenn man ihnen volle Aufmerksamkeit schenkt. Wenn ich meine Kinder (bzw. meine Wünsche) liebe, dann reicht es nicht, ihnen nur ein paar Minuten täglich zu zeigen, wie gern man sie hat. Man macht es den ganzen Tag, den ganzen Monat, das ganze Jahr – IMMER, ein Leben lang!!!

Du kannst denken, fühlen, sprechen, schreiben und handeln – alle diese Tätigkeiten können in Verbindung mit den richtigen, inneren

Bildern als sogenannte Energie-Verstärker benutzt werden. Wie gesagt spielt unsere Phantasie bei der Verwirklichung unserer Wünsche eine zentrale Rolle. In meiner Phantasie kann ich alles sein: Ein vor Gesundheit, Kraft und Vitalität strotzender Multimillionär in einer glücklichen Partnerschaft, der seine Villa auf Mauritius stehen hat und der seelisch weit entwickelt ist. Es ist von großer Bedeutung, wie „echt“ sich die Phantasie anfühlt, wie überzeugend sie wirkt. Diese kann durch Affirmationen, geschriebene Worte und Bilder erheblich verstärkt werden. All diese Hilfsmittel tragen dazu bei, bestimmte Überzeugungen in uns einzupflanzen und zu festigen. Unsere Schwingung, die unsere Wünsche manifestiert, entsteht ja erst durch unsere innere Überzeugung, durch unseren Glauben. Demzufolge ist es oberstes Gebot, sich die inneren Überzeugungen bzw. den Glauben einzuprogrammieren, der förderlich für die Erfüllung unserer Wünsche ist.

Checkliste:
Dein Leben und Deine Wünsche sind eins. Nutze Deine Zeit, um Dein Leben glücklich zu gestalten.

5. In Der Ruhe liegt die Kraft

„Gott schuf die Zeit, von Eile hat er nichts gesagt." (Unbekannt)

Bist Du gerade angespannt, weil Du ein finanzielles, gesundheitliches oder beziehungstechnisches Problem hast? Dir gefällt dieser Zustand nicht und Du willst ihn ändern? Eine Unruhe steigt in Dir auf? Du willst sofort Maßnahmen in der Außenwelt ergreifen, um die Situation zu verbessern? Hey, immer mit der Ruhe, nur keine Panik, mache Dir keinen Stress. Unruhe ist nie gut, denn sie ist ein Zeichen dafür, dass Du Dich auf den Zustand konzentrierst, der Dir Probleme bereitet.

Damit fütterst Du diesen unerwünschten Zustand mit Deiner (Aufmerksamkeits-) Energie und machst ihn nur noch stärker. Nicht vergessen, bitte: Deine Gedanken erschaffen Deine Welt, warum also unruhige Gedanken denken? Dadurch wird Deine Welt nur noch unruhiger und das willst Du doch nicht? Und wozu nur Maßnahmen in der Außenwelt ergreifen? Denk daran, der Hund wedelt mit dem Schwanz, nicht der Schwanz mit dem Hund. Wenn Du in Deiner Außenwelt etwas verändern willst, dann geh tief in Dich und denk den unerwünschten Zustand weg, indem Du Dir **den erwünschten Zustand** visualisierst. Schließlich ist die Außenwelt nur ein Spiegelbild Deines Inneren. Ändere in Dir etwas und draußen ändert sich alles gleich mit bzw. Deine Intuition zeigt Dir im Außen die Lösung. Das ist die einzig richtige Vorgehensweise. Erkenne, dass es überhaupt keine Probleme gibt und dass es NIEMALS einen Grund gibt, die innere Ruhe zu verlieren. Tu das und Du wirst sehen, wie sich Deine vorgestellten Probleme in Nichts auflösen, weil sich Deine Außenwelt Deiner inneren, ruhigen und positiven Sichtweise anpasst. In der Ruhe liegt die Kraft, sagt bereits der Volksmund. Ruhe ist ein fundamentaler Bestandteil der Natur. Jeder Baum wächst langsam und ruhig. Jeder Sonnenaufgang und Sonnenuntergang benötigt eine bestimmte Zeit und lässt sich nicht hetzen. Jeder Mensch, der sein Leben glücklich und erfolgreich meistern will, kann das nur mit innerer Ruhe schaffen.

Das bedeutet, dass man in sich gehen soll. Leider sind die meisten Menschen nicht in sich, sondern „außer sich" vor Unruhe. Angesichts der heutigen Hektik drängt sich mir manchmal der Eindruck auf, dass die Leute das Leben als eine Autobahn zwischen Geburt und Tod betrachten, anstatt zu begreifen, dass das Leben zum Genießen da ist. Hektik und Eile bescheren uns nur Nachteile beim bewussten Manifestieren, während innere Ruhe und Gelassenheit uns dazu verhelfen, harmonisch zu schwingen, so dass unsere Wunscherfüllungen reibungslos verlaufen.

„Wenn Du in Eile bist, dann gehe langsam." (Sprichwort aus China)

"Nicht die Zeit macht uns fertig, sondern das Tempo." (Werner Mitsch)

„Der moderne Mensch hat ein neues Laster gefunden: Die Schnelligkeit." (A. Huxley)

Wer seine innere Ruhe nicht pflegt, gerät z. B. allzu leicht in Panik, wenn etwas Unangenehmes geschieht. Er wird orientierungslos wie ein Nichtschwimmer, der ins Wasser fällt und seine Situation durch Aufregung und Angst nur noch mehr verschärft. Das sind die Situationen, die viele Leute trotz des Wissens um das Gesetz der Anziehung in unangenehme Lebensphasen stürzen lassen. Die Angst dominiert, man schwingt ängstlich und zieht nur noch mehr Angst an. Anstatt ängstlich zu werden, sollte man sich innerlich sagen: „Hoppla, da habe ich mit meinen Gedanken wohl eine Ursache gesetzt, die sich jetzt in Form dieser unangenehmen Situation zeigt. Na, wie gut, dass ich über die Macht meiner Gedanken Bescheid weiß. Jetzt Angst zu haben, wäre so hilfreich wie eine Feuerwehr, die das entstandene Feuer mit Benzin löschen will. Jeder Angstgedanke ist wie ein Liter Öl mehr ins Feuer. Ich aber brauche jetzt etwas, dass das Feuer löscht, die Situation bereinigt, das Problem löst. Und was ist das? Gedanken der inneren Ruhe, der Liebe, der Freude, des Glücks, der Zuversicht, des Vertrauens und der Harmonie. Gelingt es mir nicht auf Anhieb umzudenken, dann gibt es dafür ja genügend Hilfsmittel, von einer entspannten Massage über aufheiternde Filme, bis zu meiner Lieblingsmusik oder einem köstlichen Essen mit guten Freunden oder dem Lebenspartner."

„Allgemein ist die Hast, weil jeder auf der Flucht vor sich selbst ist." (Friedrich Nietzsche)

Viele Menschen finden es gut, dass sie heutzutage durch schnellere Transport- und Kommunikationsmöglichkeiten mehr leisten können pro Tag, und dazu zähle ich mich auch. Kutsche, Auto, Schnellzug, Propellerflugzeug, Überschallflugzeug und wer weiß, was als nächstes kommt. Es kann der heutigen, zivilisierten Gesellschaft nicht schnell genug gehen. Früher schrieb man einen Brief und überlegte dreimal so genau wie heute, was man schreibt, weil man Fehler nicht einfach mit der Backspace-Taste an der Computertastatur löschen konnte. Der Brief brauchte zwei bis drei Tage, bis er sein Ziel erreichte, und wenn ein Sonn- oder Feiertag dazwischen kam, dauerte es noch länger. Das war zu langsam, also wurde das Fax erfunden. Aber auch das Fax war zu langsam, also wurden E-Mails erfunden, denen Sonn- und Feiertage egal sind. Uns wird die heutige Geschwindigkeit als phänomenaler Fortschritt angepriesen und tatsächlich lassen sich ihre Vorteile kaum abstreiten, jedoch verführt sie uns auch dazu, unbewusster zu leben und die entspannende Ruhe zu vergessen. Es geht um die richtige Nutzung dieser neuen Möglichkeiten. Wir können diese neuen Vorteile richtig oder falsch benutzen. Richtig in dem Sinne, dass wir durch sie entspannter leben, und falsch in dem Sinne, dass wir durch sie angespannter leben, mehr geistigen Lärm in unserem Kopf produzieren und ruheloser werden, weil wir bloß nichts verpassen wollen. Je ruheloser wir aber sind, desto niedriger schwingen wir.

„Die Menschen verlieren die meiste Zeit damit, dass sie Zeit gewinnen wollen.“ (John Steinbeck)

„Geh langsam und Du findest immer wieder zu Dir selbst.” (Arabisches Sprichwort)

„Je stiller Du bist, desto mehr kannst Du hören.“ (aus China)

Durch schnellere Bewegungsmöglichkeiten kann ich große Strecken schneller zurücklegen und kann an einem Tag ins Freibad, ins Kino, ins Theater, ins Restaurant, auf die Computermesse, in den Zoo und in die Disco gehen, dabei gleichzeitig an jedem beliebigen Ort Musik hören, mit hundert Menschen telefonieren und im Internet surfen. Aber Moment Mal. Ist das der Sinn der technologischen Entwicklung? Dass wir hundert Dinge an einem Tag machen und reizüberflutet werden, aber keine davon richtig und bewusst? Dass wir durch Internet, Handy und Organizer noch mehr arbeiten und noch mehr Stress haben, anstatt dass uns der technologische Fortschritt ein stressfreieres Leben verschafft? Auf Reizüberflutungen jeder Art reagiert das menschliche Gehirn so, dass es einen Schutzwall errichtet und die Reizschwelle heraufsetzt. Dadurch stumpft jeder reizüberflutete Mensch ab, kann weniger Sinnesreize verarbeiten und empfindet immer weniger Gefühle. Das ist gut daran zu erkennen, wie wenig Menschen bestimmte Weltereignisse emotional verarbeiten können. Internet, Handy und Organizer sind eigentlich als unsere „Diener" geschaffen worden, aber stattdessen reitet das Pferd den Reiter. Sie bestimmen unser Leben mehr, als den meisten Menschen bewusst ist. Wer hundert Sachen täglich macht, der macht alles nur halb, aber nichts ganz, denn dazu fehlt die Zeit. Mein Motto ist: Weniger ist mehr. Wenn ich zehn Gläser mit verschiedenen Getränken vor mir habe, habe ich mehr davon, wenn ich ein Glas in aller Ruhe austrinke, als wenn ich gehetzt an jedem Glas nur kurz nippe. Jedes genussvolle, bewusste Erleben und jedes positive Resultat braucht seine Zeit, ebenso wie jeder einzelne Wunsch von uns. Wenn Du bewusst lebst, dann erlebst Du alles viel intensiver. Wenn Du Dich einer Sache widmest, dann mit all Deinen Sinnen. Wenn Du isst, dann isst Du, wenn Du ruhst, dann ruhst Du, wenn Du badest, dann badest Du. Sei auch in Gedanken bei der Sache und nicht woanders. Bleib bei Dir selbst und lasse Deine Gedanken nicht wandern. Je schneller das Leben in der Außenwelt abläuft, desto schneller tickt auch die biologische Uhr, desto verwirrter sind wir im Kopf und desto schlechter ist unsere Grundschwingung. Um unsere Wunschziele zu erreichen, müssen wir uns nicht beeilen, im Gegenteil, je ruhiger wir innerlich sind, desto eher erreichen wir sie.

„Es ist nicht von Bedeutung, wie langsam Du gehst, solange Du nicht stehen bleibst." (Konfuzius)

„Auch höchste Eile macht den Weg nicht kürzer." (Arthur Schopenhauer)

Ein junger Mann suchte einen Zen-Meister auf. „Meister, wie lange wird es dauern, bis ich spirituelle Befreiung erlangt habe?" „Vielleicht zehn Jahre, wenn Du es ruhig angehst", entgegnete der Meister. „Und wenn ich mich besonders anstrenge, wie lange dauert es dann?", fragte der Schüler. „In dem Fall kann es zwanzig Jahre dauern“, erwiderte der Meister. „Ich nehme aber wirklich jede Härte auf mich. Ich will so schnell wie möglich ans Ziel gelangen“, beteuerte der junge Mann. „Dann“, erwiderte der Meister, „kann es bis zu vierzig Jahre dauern.“ (Zen-Geschichte)

Was konkret hat mir die Geschwindigkeitserhöhung eingebracht und was hat sie mich gekostet? Die Antwort ist: Wir haben vom allgemeinen Blickwinkel aus mehr Möglichkeiten gewonnen, um uns das Leben entweder stressiger und hektischer, oder es ruhiger und entspannter zu machen. Und was **ganz konkret** haben die meisten Menschen verloren? Das bisschen Ruhe und Entspannung, was sie in ihrem Leben noch hatten. Ein schlechter Tausch, denn weniger Ruhe bedeutet auch eine niedrigere, gestresste Schwingung, und dies wiederum bedeutet, dass sich unter diesen Umständen das Manifestieren unserer Wünsche schwieriger gestaltet.
Verliert man seine Ruhe und Entspannung, ist man bald überbelastet, so dass man im Zustand der Erschöpfung langsamer wird und noch weniger schafft. Der Lärm im Kopf nimmt bei ständigem Stress und zu schneller Lebensweise zu, und hindert uns daran, zu uns selbst zu finden.

„Der Baum verliert sich im Walde.“ (Unbekannt)

So gesehen sind Ruhe und Entspanntheit wesentlich produktiver. Weder der menschliche Körper, noch der Geist sind Maschinen. Beide brauchen täglich eine „Auszeit“, um neue Energie zu tanken, die inneren Heilkräfte zu aktivieren und um uns weiterhin gute Dienste leisten zu können.

„Die Kunst des Ausruhens ist ein Teil der Kunst des Arbeitens.“ (John Steinbeck)

Hatte ich früher drei Stunden Freizeit an einem Tag, so habe ich heute durch die technischen Vorteile vielleicht vier Stunden Freizeit täglich, weil ich alle möglichen Wege schneller zurücklegen kann. Einen echten Vorteil habe ich aber nur dann, wenn ich diese eine Stunde Freizeit auch wirklich wie Freizeit nutze, und nicht tausend

Telefongespräche führe und noch mehr arbeite. Fülle Deine Freizeit nicht mit Aktivitäten aus, die sich von Deiner Arbeit nur dadurch unterscheiden, dass Du dafür nicht bezahlt wirst. Nimm Dir auch mal Zeit zu leben!!!

Stell Dir vor, Du machst Urlaub an einem fremden Ort, weit weg von Zuhause, und fährst mit Deinem Auto gemütlich und gelassen eine Landstraße entlang. Rechts und links von Dir bestaunst Du die prächtige Landschaft, die bunten Blumen und die mächtigen Bäume. Damit Du auch ja nichts verpasst von der wunderschönen Natur, fährst Du langsam. Und nun stell Dir vor, wie Du wieder zurück in der Heimat gehetzt mit 100 Stundenkilometern rast, um einen Termin rechtzeitig wahrzunehmen. Wenn Du schnell fährst, bekommst Du nichts mit von der schönen Welt, in der Du lebst. In den vergangenen Jahrhunderten brauchten die Menschen zwar länger, um von A nach B zu gelangen, aber sie waren sich ihrer Welt bewusster, weil sie ständig in ihr waren, sie erlebten und sie fühlten. Heute haben die meisten Menschen dafür keine Zeit bzw. sie nehmen sich nicht die Zeit dafür. Alles muss schnell gehen, wodurch sie eine destruktive Unruhe in sich erzeugen, die keine positive Grundschwingung zulässt. Der kluge Abraham Lincoln hätte in der heutigen Zeit überhaupt keine Chance als Präsident, weil er ein sehr ruhiger und langsamer Redner war. Er vertrat die Ansicht, dass jede Antwort wohl durchdacht sein muss, wenn sie was taugen und qualitativ sein soll. Heute leben die meisten Menschen in dem Irrglauben, dass Schnelligkeit für Fortschritt steht und Langsamkeit für das Gegenteil. Was für ein Trugschluss. Wer so denkt, würde im Falle von Abraham Lincoln diesen für dumm halten, sich aber vermutlich mit einer eingeübten, nichtssagenden, dafür aber schnell ausgesprochenen politischen Phrase, wie sie heute immer wieder gehört wird, zufrieden geben.

Schalte einen Gang runter und genieße die Welt um Dich herum. Um bewusst zu leben und Dich positiv aufzuladen, musst Du übrigens nicht erst woanders hinreisen und dort Urlaub machen. Du kannst es jede Sekunde genau dort machen, wo Du gerade bist. Bleib in Deinem Alltag gelassen und ruhig, und Dein Leben wird es Dir danken. Ich persönlich erlebe es immer wieder als ein kleines Wunder, wenn ich mit meiner Lebenspartnerin in der Natur picknicke. Die Vielfalt der Blumen, Pflanzen und Kräuter, das Zwitschern der Vögel und das Summen der Bienen, das Fühlen der warmen Sonnenstrahlen und einer kleinen Windbrise sind mir unendlich wertvoller, als mit 180 km/h auf zugepflasteter Natur dem Geschwindigkeitsrausch zu verfallen. Denn in der Natur stelle ich alles Stressige zurück, tanke unerschöpfliche Energie, erde mich mit Mutter Erde, regeneriere mich, harmonisiere meine Grundschwingung, aktiviere meine Gefühlsskala und kann in diesem Zustand der inneren Ruhe meine Wunschenergie enorm steigern.

„Einen Tag lang ungestört in Muße zu verleben, heißt, einen Tag lang ein Unsterblicher sein.“ (Sprichwort aus China)

Manche Leute beschleunigen ihr Leben mit der Begründung, sie jagen ihrem Glück hinterher. Aber wer behauptet eigentlich, dass das Glück vor uns ist und wir es einholen müssen? Vielleicht ist es hinter uns und wir müssen nichts weiter tun, als still und ruhig dazustehen und innezuhalten.

Wer ein Leben in Stress, Hektik und Eile führt, der begeht einen fatalen Fehler und geht am wahren Leben mit all seinen schönen Seiten vorbei. Innere und äußere Ruhe sind im Vergleich zu Stress, Hektik und Eile immer zu bevorzugen. Ich habe noch nie von jemandem gehört, der wegen Ruhe und Gemütlichkeit sehr jung an einem Herzanfall oder Hirnschlag gestorben ist. Auch ist es mir nicht bekannt, dass jemand, der gestresst ist, eine Prüfung besser hinbekommt, als wenn er ruhig und entspannt ist. Würdest Du Dich, wenn Du gerade in Eile und gestresst bist, dazu überreden lassen, einen wichtigen Vertrag zu unterzeichnen? Oder würdest Du das lieber in einem ruhigen, entspannten Zustand tun, in dem Du wesentlich aufnahmefähiger bist, alles noch einmal durchlesen und die Details geistig besser erfassen kannst? Welchem Wunsch traust Du seine Erfüllung eher zu: Dem, den Du eiligst zwischen Tür und Angel absendest, oder dem, den Du in einer entspannten Atmosphäre ruhig und gelassen losschickst?

„Unsere größten Erlebnisse sind nicht unsere lautesten, sondern unsere stillsten Stunden." (Jean Paul, eigentlich Johann Paul Friedrich Richter)

„Der Weg zu allem Großen geht durch die Stille." (Nietzsche)

Wer in Eile ist und sich von seinen Mitmenschen oder sich selbst hetzen lässt, der ist angespannt, und sowohl sein Verstand, als auch seine Gefühle, sind durcheinander und nicht vollkommen intakt. Man kann viele Dinge schnell erledigen, aber sie verlieren an Qualität. Wenn ich damals nur schnell und eilig gelernt habe für die nächste Klausur, ging sie prompt daneben. Habe ich aber in Ruhe gelernt, war meine Konzentration weitaus größer und ich erntete gute Noten. Nicht schnell und falsch, lieber langsam und richtig. Will ich lernen, wie man tanzt, dann bevorzuge ich einen Tanzlehrer, der mir die Tanzschritte und dazugehörigen Bewegungen langsam vorführt, damit ich sie mir besser merken kann. In der Ruhe nimmt man alles leichter auf, auch das Glück, und man lernt besser und lebt bewusster.

„Hasten ist das sinnlose Bemühen, rascher als die Zeit zu sein." (Elisabeth Hable)

Stell Dir vor, Du machst einen Fehler beim Autofahren und verursachst einen Unfall. Wenn Du nur 30 km/h gefahren bist, wird der Fehler wahrscheinlich nicht so gravierende Konsequenzen haben, wie mit einem Tempo von 150 km/h. Schnelligkeit ist oft nachteiliger, als wir ahnen.

„Es gibt Wichtigeres im Leben, als ständig dessen Geschwindigkeit zu erhöhen." (Gandhi)

Richtig entspannen kann man sich nur mit sich selbst, das heißt ohne Fernseher, ohne Internet, ohne Handy, ohne Menschen um sich herum. Erst wenn man ganz alleine ist, kann man sich ganz natürlich, locker und gelassen geben. Und genau aus diesem Grunde nehme ich mir täglich die Zeit für mich alleine, um meine Schwingung nach den täglichen Arbeiten zu harmonisieren, sie wieder ins Gleichgewicht zu bringen. Egal, wie viel Hektik und Stress gerade um mich herum herrscht, ich bleibe ruhig und gelassen. Auch bei Wirbelstürmen existiert immer ein Ort der absoluten Ruhe: Im Zentrum. Unser Zentrum ist unser Inneres. Ist es dort ruhig, dann ist es auch im Außen ruhig. Die Natur macht es uns immer vor, wir müssen nur genau hinsehen und daraus etwas für unser Leben lernen.

Was Ruhe, Gelassenheit und Entspannung bedeuten, wissen die meisten Menschen heutzutage gar nicht mehr. Auch ich habe früher nie richtig entspannen können. In meinem Kopf bewegten sich meine Gedanken in hundert verschiedene Richtungen gleichzeitig. Unzählige unerledigte Sachen gingen mir durch den Kopf, die mich nicht zur Ruhe kommen ließen. Heute weiß ich, dass entspannen **entspannen** bedeutet. Wenn ich mich ausruhen will, dann schalte ich zu 100% ab und denke nicht über irgendwelche Arbeiten nach. Und andersherum verfahre ich genauso: Wenn ich arbeite, dann zu 100%; dann denke ich nicht über Entspannung und Freizeit nach. Nur **eins von Beiden** geht auf einmal. Gehe ich einem davon nach, mache ich meinen Kopf frei vom anderen. Nur auf diese Weise habe ich Erfolg in dem, was ich gerade tue, ob Entspannung oder Arbeit.

„Wer innerlich nicht frei ist, der hat auch keine Freizeit.“ (Manfred Rommel)

„Gelassenheit ist eine anmutige Form des Selbstbewusstseins.“ (Marie von Ebner-Eschenbach)

Eine Studie über das Meridiansystem des menschlichen Körpers am Necker Hospital in Paris ergab, dass die bei der Akupunktur in Gang gebrachte Chi-Energie durch kranke Organe langsamer als durch gesunde fließt. Wenn der Informationsfluss gestört ist, treten Störungen im Körper auf. Stress verursacht also Krankheiten. Und je langsamer der Energiefluss in uns ist, desto langsamer ist unsere Schwingung. Ganz egal, welche Wunschmethoden Du kennst und anwendest, mache alles in Ruhe, nie im gestressten Zustand. Deine

Chance, dass Dir Deine Wunschmethoden im ruhigen und entspannten Zustand das gewünschte Ergebnis bringen, ist außergewöhnlich hoch. Nur innere Ruhe führt zu Harmonie. Und Harmonie ist die Basis jeglicher Wunscherfüllung.

Checkliste:
Je ruhiger Du bist, desto mehr erreichst Du im Leben.
Ruhe im Leben macht Dich stark, gibt Dir Energie und klärt Deine Gedanken. Lebe Dein Leben nicht schnell, sondern voller ruhiger Momente des Glücks und des Genusses. Denke immer daran: Sobald Du Dich selbst hetzt, erschaffst Du durch Deine negative Grundschwingungen die Voraussetzungen für ein unglückliches und schmerzhaftes Leben.

6. Wenn Du glaubst, erschaffst Du

„Alles wankt, wo der Glaube fehlt." (Friedrich von Schiller)

„Erfolg oder Versagen ist eher die Folge unserer geistigen Einstellung, als unserer geistigen Fähigkeiten." (Walter Scott)

Das Wort „Glaube" ist durch die Weltreligionen vorbelastet, jedoch ändert das nichts an der Tatsache, dass der Glaube eine übermächtige Naturkraft und **DAS** entscheidende Werkzeug ist, seine Wünsche zu verwirklichen. Der Begriff „glauben" hat in fast allen Sprachen der Welt zwei Bedeutungen, einmal „von etwas überzeugt sein" und einmal „annehmen, vermuten". Ich beziehe mich in meinem Buch auf den Glauben im Sinne der inneren Überzeugung. Wissenschaftsgläubige Menschen machen sich oft lustig über

Menschen, die an etwas glauben, und verkennen dabei, dass sie selbst auch „glauben“, und zwar an die Wissenschaft. Glauben kann man nicht mit wissenschaftlichen Methoden beweisen, nein, Glaube ist ebenso wie die Liebe nur durch Gefühle und eigene Erfahrungen beweisbar. Die Wissenschaft stößt in diesem Fall an ihre Grenzen und es hat sich in der Menschheitsgeschichte bereits oft als Dummheit erwiesen, nur das für möglich zu halten, was die Wissenschaft zum derzeitigen Zeitpunkt gerade nachweisen kann. Die wichtigsten und elementarsten Dinge lassen sich wissenschaftlich sowieso nicht beweisen, beispielsweise woher wir kommen, wohin wir gehen, warum wir leben, woher unser Bewusstsein stammt, was unser Lebenssinn ist, ob uns jemand liebt und wen wir lieben, woher unsere Vorlieben und Abneigungen stammen. Nichts davon lässt sich wissenschaftlich beweisen, es bleibt uns nur der „Glaube“, auf den wir vom ersten Tag unseres Lebens angewiesen sind.

"Falls Gott die Welt geschaffen hat, war seine Hauptsorge sicher nicht, sie so zu machen, dass wir sie verstehen können." (Albert Einstein)

„Nur was wir glauben, wissen wir gewiss.“ (Wilhelm Busch)

Dein innerer Glaube kann Dir Dein Leben leichter oder schwerer machen, es liegt ganz an Dir. Wenn der Glaube an die Durchführung einer bestimmten Sache fest und stabil ist, werden Dinge spielerisch leicht ausgeführt, die zuvor noch als unmöglich galten. Die wahre Quelle von Reichtum, Gesundheit, einer glücklichen Beziehung und auch sonst allem anderen, ist immer die entsprechende Glaubenstiefe. Sobald Du innerlich von etwas ganz fest überzeugt bist, überträgt sich das auf Deine Schwingung und sorgt dafür, dass die Wünsche, an deren Erfüllung Du glaubst, in Erfüllung gehen. Gandhi ist ein anschauliches Beispiel dafür, wie der Glaube an eine Sache mehr erreichte, als es mit einer Armee möglich gewesen wäre.

„Der Mensch ist, was er glaubt.“ (Anton Tschechow)

Mir passierte vor 2 Jahren Folgendes: Ich hatte einen Videorecorder, den ich mir im Jahre 1992 durch einen Ferienjob geleistet hatte. Ich stand nach über 15 Jahren davor und wunderte mich, dass er nach so vielen Jahren noch funktionierte. Nach meinem Verständnis bzw. Glauben hätte er doch schon lange den Geist aufgeben müssen. Und was geschah? Nach zwei Wochen gab er tatsächlich den Geist auf. Jedem geschieht halt nach seinem Glauben. Diese innere Überzeugung bzw. dieser Glaube funktioniert immer, unabhängig davon, ob das, woran man fest glaubt, positiv oder negativ, groß oder klein, kostspielig oder preisgünstig ist. Logik und rationale Überlegungen haben nicht die Spur einer Chance, um gegen einen Glaubenssatz zu bestehen. Ob der Glaube an eine Religion, an ein Wirtschaftssystem, an eine politische Richtung oder an sein Land, alle diese Glaubensmuster sind eine Wirklichkeit für sich, sie kommen ohne sachliche Argumente und Begründungen aus. Kirchen, Sekten und auch politische Parteien wussten immer schon um die Bedeutung des Glaubens, und ohne den Glauben der Menschen würden sie gar nicht existieren. Der Glaube an das Erreichen eines Ziels sorgt dafür, dass es auch dazu kommt, und jeder Mensch glaubt immer an etwas.

„Die einen glauben, dass sie glauben, die anderen glauben, dass sie nicht glauben.“ (Stanislaw Jerzy Lec)

„Man glaubt gar nicht, wie viel man glauben muss, um ungläubig zu sein.“ (Michael von Faulhaber)

Der Glaube versetzt unsere Schwingung mit zuverlässiger Präzision in die Frequenz, in der ein Wunsch bereits erfüllt ist. Dadurch wird das, woran man derart stark glaubt, dass man es schon für real hält, tatsächlich real.

Dazu folgende Beispiele:

Der Placebo - Effekt

Unter Placebos versteht man allgemein ein „Scheinmedikament“, welches überhaupt keine heilenden Wirkstoffe enthält. Dem Patienten versichert man aber, dass es sich um ein höchst wirksames

Medikament handelt, welches ihn bald von seiner Krankheit heilen wird. Wichtig ist also, dass der Patient ganz fest daran glaubt, dass er durch die Einnahme des angeblichen Medikamentes gesund wird, denn nur so wirkt es letztendlich und bewirkt reale Veränderungen im Körper des Menschen. Sobald sich das Denken verändert und unser Bewusstsein das Placebo als Heilmittel anerkannt hat, verändert sich dementsprechend auch der Gesundheitszustand des Körpers bzw. man wird gesund. Wissenschaftler des Instituts für medizinische Psychologie der Universität München haben herausgefunden, dass der Placebo-Effekt keine Einbildung ist. Es lassen sich eindeutig organische Veränderungen nachweisen, und zwar an den Organen, für das die Patienten durch die Einnahme des Placebos Genesung erwarteten. Hat man einmal diese Erfahrung gemacht, ist sie als „Wirklichkeit" im Gehirn abgespeichert. Real ist für die Menschen immer das, was wirkt.

Es geht bei Placebos also im Grunde weniger um irgendwelche Pillen, die man Patienten als Wunderheilmittel präsentiert, sondern um den Glauben des Patienten. Mediziner würden von „Erwartungspsychologie" sprechen (was der Patient erwartet, das widerfährt ihm).

Das Gegenteil des Placebo-Effekts ist der sogenannte Nocebo-Effekt. In diesem Fall ist die Erwartungshaltung des Patienten negativ, so dass Patienten an einer „Überdosis Placebos", die sie für Schlaftabletten hielten, verstarben.

Neben den üblichen Placebo-Pillen gibt es mittlerweile auch Placebo-Spritzen sowie Placebo-Operationen. Je aufwendiger eine Placebo-Operation ist, desto besser wirkt sie für gewöhnlich. Bei den Placebo-Pillen entscheidet oft die Farbe eines Placebos über die Stärke der Wirkung. Es kommt immer darauf an, woran der Patient wie stark glaubt.

Feuerlaufen

Wenn indische Feuerläufer barfuß durchs Feuer gehen, ohne sich dabei zu verbrennen, bedeutet das nicht, dass deren Füße feuerfest oder sonst von einer besonderen Qualität sind. Es geht nicht um die Füße, denn die bestehen genauso wie unsere aus Fleisch und Blut. Es geht um den Glauben des Feuerläufers. Das Geheimnis, sich beim Feuerlaufen nicht zu verletzen, besteht darin, sich derart zu verinnerlichen, dass man nicht über Feuer läuft, sondern über etwas anderes, beispielsweise über feuchtes Moos. Durch die eigene innere Überzeugung, den unerschütterlichen Glauben daran, dass es tatsächlich so ist, hat man durch seine Willenskraft einen Bewusstseinszustand erreicht, der sich auch in der Außenwelt manifestiert, was sich darin zeigt, dass das Feuer plötzlich harmlos ist.

Es gibt aber noch eine zweite Art Feuerläufer. Diese fortgeschritteneren Feuerläufer sind sich darüber bewusst, dass sie über Feuer und heiße Kohle gehen, und spüren sogar die Hitze. Trotzdem verbrennen sie sich nicht, weil sie bereits so fortgeschritten sind im Forcieren ihres Glaubens und ihrer Willenskraft, dass sie sich einfach einreden: „Ich weiß, dass ich übers Feuer gehe, aber ich bestimme, dass es mich nicht verbrennt. Punktum!“ Übertragen aufs Leben bedeutet das, sich den Problemen des Alltags in dem Bewusstsein zu stellen, dass man sie (auf-) lösen wird. Wenn man solch ein Spektakel selbst gesehen hat, schwappt der Glaube herüber und aktiviert das Wissen, dass man es auch kann. Es geht dabei gar nicht mal so sehr um das Feuerlaufen selbst, sondern darum, den Glauben an sich selbst herzustellen, in jeder Lebenssituation. Wenn die innere Überzeugung erst einmal da ist, überschreitet man bisherige Grenzen.

In Indien verwendet man das Feuerlaufen oftmals als rituelle Reinigung, um innere Ängste und Widerstände zu transformieren, den Glauben an sich selbst zu stärken, innere Kräfte freizusetzen, die letzten Teile seiner Opfermentalität aufzulösen, alte Grenzen zu durchbrechen, sich selbst intensiv zu erfahren und zu erkennen, dass man mehr ist als der bloße Körper. Wesentlich vernünftiger als sich stundenlang mit Tötungsspielen vor dem Computer zu befassen, was bei uns leider oft der Fall ist. Das Feuerlaufen zeigt uns auch deutlich, dass man etwas Neues „riskieren“ muss (z. B. eine neue

Lebensweise), damit wir ein neues, glücklicheres Leben beginnen können. Bleibt man im alten Trott, bleibt auch sonst alles beim Alten und nichts ändert sich. Und wenn ein starker Glaube sogar die Naturgesetze außer Kraft setzen kann (das Feuer schmerzt nicht), dann sollte es uns nicht allzu schwer fallen, den Glauben an ein glückliches Leben zu entwickeln.

Phantomschmerzen

Ungefähr Dreiviertel aller Amputierten leiden an sogenannten Phantomschmerzen. Obwohl ein bestimmtes Körperteil nicht mehr vorhanden ist, glauben sie es zu spüren, was oft zu chronischen Schmerzen führt. Die Schmerzen sind derart groß, dass die Einnahme starker Schmerzmittel erforderlich wird. Das menschliche Gehirn versucht nach einem Unfall, bei dem man ein Körperteil verliert, das Körperbild wiederherzustellen. Dazu bedient es sich der menschlichen Erinnerungen. Wenn diese Erinnerungen mit Schmerzen verbunden sind, ist es besonders hilfreich, weil Schmerzen in der Erinnerungshierarchie sehr hoch stehen. Das Gehirn rekonstruiert den fehlenden Körperteil über den Schmerz. Mit einem optischen Trick, der sogenannten Spiegeltherapie, versucht man die Schmerzen zu lindern und die Schmerzmittel zu reduzieren. Beispielsweise sitzt ein armamputierter Mensch neben einem Spiegel und hält seinen vorhandenen, rechten Arm davor. Der Spiegel täuscht vor, dass auch der linke, fehlende Arm vorhanden ist. Diese gespiegelte Illusion weckt im Gehirn die Erinnerung an den fehlenden linken Arm, so dass das Gehirn aufhört, Schmerzsignale zu senden. Der Patient GLAUBT an das Vorhandensein des fehlenden Arms. Er sieht ihn im Spiegel, aber nicht nur visuell, sondern auch mit dem geistigen Auge, er „fühlt" den Arm innerlich und er glaubt, dass er da ist.

Wie mächtig der eigene Glaube sein kann, zeigt auch die sogenannte Gummihand-Illusion. Ein gesunder Mensch sitzt an einem Tisch mit nach vorne, auf der Tischplatte ausgestreckten Armen. Eine Plastikwand, die sich auf dem Tisch befindet, verdeckt die Sicht auf den linken Arm, so dass nur noch der rechte Arm zu sehen ist. Dafür legt man eine Gummihand neben die rechte, sichtbare Hand des

Menschen, die diesem suggerieren soll, dass es seine linke Hand ist. Nun wird mit einem Malpinsel gleichzeitig über die echte, verdeckte linke Hand des Menschen, als auch über die für den Menschen sichtbare, künstliche Gummihand gestreichelt. Obwohl der Mensch genau weiß, dass die vor ihm liegende Gummihand nicht seine echte Hand ist, entwickelt er mit der Zeit den Glauben, sie sei ein Teil seines Körpers. Nach einigen Minuten ist der Glaube derart groß, dass man bei einem Schlag mit dem Hammer auf die Gummihand Schmerzsymptome in der echten, verdeckten linken Hand des Menschen verursacht.

Die körperliche Wahrnehmung ist also weniger an den Körper gebunden, sondern vielmehr an den GLAUBEN. Der Glaube überschreitet die Grenzen körperlicher Verbundenheit. Auch wenn der Mensch genau weiß, dass nicht seine echte Hand von dem Hammer getroffen wurde, glaubt er an den Schmerz, und da jedem nach seinem Glauben geschieht, empfindet er den Schmerz auch.

Der Fall Albert Mason

Ein weiteres Beispiel zur Macht von wahrem Glauben ist der Fall des britischen Arztes Albert Mason. Im Jahre 1952 behandelte Dr. Mason einen fünfzehn Jahre alten Jungen mittels Hypnose gegen Warzen. Die Haut des jungen Patienten war ledern und ähnelte mehr der Haut eines Nashorns, als der eines Menschen. Dr. Mason versetzte den Jungen in eine hypnotische Trance und sagte ihm, dass zuerst sein Arm und später der ganze Körper eine normale, menschliche Haut erhalten würden. Nur eine Woche danach war der Arm des Jungen wieder gesund und nach einigen weiteren Hypnosesitzungen heilte auch der restliche Körper.

Nicht schlecht, Herr Specht, würden jetzt manche Leute sagen, aber es kommt noch viel sensationeller: Es stellte sich später nämlich heraus, dass der Hausarzt des Jungen eine Fehldiagnose machte und der Junge gar nicht an normaler, harmloser Warzenbildung litt. Seine Krankheit war tatsächlich eine bis damals als unheilbar geltende Krankheit mit dem Namen „kongenitale Ichythose.“ Das British Medical Journal berichtete über diesen phänomenalen Fall und er wurde zu einer Sensation. Mason behandelte in der Folgezeit zahlreiche andere Patienten mit Hypnose, die an derselben Krankheit litten, diesmal jedoch war er sich von vornherein darüber bewusst, dass es sich um eine als unheilbar geltende Krankheit handelte, und nicht um harmlose Warzen. Eine Heilung gelang ihm nicht mehr, da sein Glaube, er könne eine unheilbare Krankheit heilen, zu schwach war. Die eigene Skepsis stand ihm im Weg. Zuvor gelang es ihm und sein Glaube konnte Berge versetzen, da er und auch sein junger Patient beide davon ausgingen, es handle sich lediglich um harmlose Warzenbildung. Sein Glaube übertrug sich auf den Jungen, diesem geschah nach seinem Glauben und er wurde gesund. Ohne den entsprechenden Glauben wäre auch er zuvor nicht zu heilen gewesen.

Das Muskelexperiment

In den USA haben Sportphysiologen aus Cleveland im Bundesstaat Ohio bewiesen, dass man Muskeln mittels seiner bewusst eingesetzten Gedanken aufbauen kann. Dazu machten sie folgendes Experiment: Zehn freiwillige Testpersonen trainierten fünf Mal pro Woche ihren Bizeps, allerdings nur in ihrer Phantasie. Sie sollten sich mit all ihrem Glauben vorstellen, dass ihr Bizeps stark beansprucht wird. Die Muskeln vergrößerten sich nach einigen Wochen um mehr als 13% und blieben es auch noch bis zu drei Monate nach dem Experiment. Muskeln werden durch motorische Nerven vom Gehirn kontrolliert. Sendet das menschliche Gehirn stärkere Signale, wachsen Muskeln auch ohne körperliches Training. Die glaubhaften Phantasieübungen veranlassten das Gehirn dazu.

Das Würfelexperiment

Der Physiker und Psychologe Joseph Banks Rhine an der Duke Universität von North Carolina nahm in den 1930er Jahren wissenschaftliche Versuche an bewegter Materie vor. Er ließ einfache Spielwürfel über einen längeren Zeitraum zu Boden fallen. Jede der sechs Zahlen wurde in etwa gleich oft gewürfelt. Dies entspricht der wissenschaftlichen Logik. Doch nun kommt das Besondere: Eine Reihe von Testpersonen machte dasselbe Experiment, jedoch mit dem kleinen Unterschied, sich auf eine ganz bestimmte Zahl zu konzentrieren und daran zu glauben, dass sie gewürfelt wird. Bei diesem Experiment wurde die Zahl, auf die sich die Testpersonen konzentrierten, wesentlich öfter gewürfelt als die übrigen Zahlen. In den 1970er Jahren entwickelte der Physiker Helmut Schmidt einen Zufallsgenerator auf der Basis von radioaktivem Zerfall. Die Impulse wurden in Lichtsignale umgewandelt, die durch Gedanken von Testpersonen beeinflusst werden sollten. Diese Experimente bestätigten Rhines These einwandfrei: An dem Einfluss menschlicher Gedanken und einem starken Glauben auf Materie besteht seitdem kein Zweifel mehr.

Das Blutkörperchen – Experiment

In dem Magazin „Das weiße Pferd“ (Ausgabe 17/99) steht ein Bericht über einen interessanten Test. Unter einem Dunkelfeldmikroskop beobachtete man rote Blutkörperchen in unterschiedlichen Zuständen (Krankheit, Angst usw.). Nach einem etwa zehnminütigen Gebet veränderte sich der Zustand der Anordnung der Blutkörperchen in dem entnommenen Blut zum Guten. Auch in diesem Fall kommt es auf die Glaubenstiefe an, bzw. wie sehr man an die Wirkung des Gebets glaubt.

Das Brillen - Experiment

Ein weiteres Experiment: Probanden wurden durch grelles Licht geblendet und sollten dabei Wörter von einer Tafel ablesen. Für diese Aufgabe bekamen sie Sonnenbrillen. Als ihnen mitgeteilt wurde, dass es sich angeblich um kostspielige Sonnenbrillen der Marke Armani handele, konnten sie die Wörter auf einmal wesentlich besser lesen. Verhaltensforscher Dan Ariely bewertet diese Reaktion so, dass die meisten Menschen einen hohen Preis mit Qualität gleich setzen. Ist doch interessant, nicht wahr, lieber Leser? Die Leute waren fest davon überzeugt, sie könnten die Wörter nun besser entziffern, und es geschah ihnen nach ihrem Glauben.

Die Wissenschaft wird esoterisch

Globale Konzerne nehmen all diese Erkenntnisse sehr ernst. Der Physiker Schmidt wurde von Boeing eingestellt, damit er mit seinem Zufallsgenerator untersuchen kann, inwieweit die Nervosität und die

Angst der Flugpassagiere vor einem Flugzeugabsturz die Bordelektronik der Maschine beeinflussen können.

Auch die Kasinounternehmer und Glücksspielbetreiber in Las Vegas haben sich mit der Einflussmöglichkeit menschlicher Gedanken auseinandergesetzt und Untersuchungen in Auftrag gegeben, um den Einfluss menschlicher Gedanken auf Roulettkugeln, Spielautomaten und Black-Jack-Karten zu prüfen. Im Jahre 1998 fanden die zwei amerikanischen Wissenschaftler Radin und Rebman heraus, dass die ausgezahlten Gewinne bei Vollmond deutlich höher ausfielen, als es sonst der Fall war. Die These der Wissenschaftler ist die, dass abergläubische Spieler bei Vollmond so sehr an einen Gewinn und ihr persönliches Glück glauben, dass ihre Gedanken dann auch tatsächlich Einfluss auf den Ausgang der Gewinnspiele nahmen.

„In der Wüste bist Du nicht verloren, wenn Du glauben kannst an die Oase.“ (P. Bosmans)

Wie Du siehst, lieber Leser, ist der Glaube der Schlüssel zur Wunscherfüllung. Hat sich der Glaube an eine bestimmte Sache erstmal festgesetzt, formt unsere Schwingung die Realität entsprechend dieses Glaubens. Wissenschaftler, Ärzte und globale Konzerne befassen sich mit der Macht des Glaubens, trotzdem hört man davon nichts in den Nachrichten. Deshalb ist dieses Wissen vielen Menschen nicht bekannt und viele uninformierte Leute tun das Ganze oberflächlich als dummen Hokuspokus ab, aber das kann DIR egal sein.

"Wenn 50 Millionen Menschen etwas Dummes sagen, bleibt es trotzdem eine Dummheit." (Anatole France)

Wichtig ist, dass DU Bescheid weißt, denn darauf kommt es an, wenn Du DEINE Wünsche wahrmachen willst. Wenn Du erst einmal den entsprechenden Glauben an die Erfüllung Deiner Wünsche erreicht hast, wirst Du Dich künftig spätabends mit einem zufriedenen Gesicht und einem extrabreiten Lächeln ins Bett legen, und die Schwingung der absoluten Zuversicht ausstrahlen, so dass Dir alles Glück der Welt ganz automatisch zufliegt.

„Jeder Mensch kann alles, aber er muss auch zu allem bereit sein.“ (A. M. Mahler-Werfel)

Ich persönlich finde das SENSATIONELL!!! Seinen Glauben als Placebo-Effekt für seine Wunscherfüllungen bewusst und gezielt einzusetzen. Er ist nicht an einen bestimmten Ort oder eine bestimmte Zeit gebunden, man muss dafür keine Steuern zahlen, nicht demütig auf die Knie fallen und Buße tun, gegenüber zweifelhaften Institutionen keinen blinden Kadavergehorsam an den Tag legen, man ist nicht von anderen Menschen abhängig und man muss dafür keine körperlichen, schweren Arbeiten machen. Man muss nur an die Erfüllung seiner Wünsche GLAUBEN! Nichts könnte motivierender sein. Jetzt kommt es nur noch darauf an, den entsprechenden Willen aufzubringen, an sich und seinem Glauben zu arbeiten.

Checkliste:
Dein Glaube entscheidet über Deine Wunscherfüllungen.
Glaube an ein schönes Leben und Dein Leben wird schön sein.
Stärke Deinen Glauben an Dein persönliches Glück.

7. Wo ein Wille ist, da ist auch ein Weg

"Stärke wächst nicht aus körperlicher Kraft - vielmehr aus unbeugsamen Willen." (Mahatma Gandhi)

Unsere Willenskraft ist etwas so Fantastisches, dass man sie mit Worten kaum beschreiben kann. Sie kann uns ein Leben voller Glück bringen, aber nur dann, wenn wir sie zu 100% auf die Erfüllung unserer Wünsche richten. Teilen wir sie nicht auf, indem wir sie auf unnütze Dinge fokussieren, die nichts mit Glück und Freude zu tun haben. Unser Gehirn produziert Energie. Jeder Gedanke entspricht ungefähr 100 Watt Leistung. Machst Du zwei Dinge gleichzeitig, halbierst Du Deine Kraft auf je 50 Watt pro Sache. Bringst Du nur die halbe Power, wirst Du auch nur halb zum Ziel kommen. Das willst Du aber nicht, Du willst ganz zum Ziel gelangen.

„Willenskraft = Nur EINE Erdnuss essen." (Unbekannt)

Das Wort „Wille" kommt von „Wollen". Wenn wir also über unsere Willensstärke sprechen, dann sprechen wir über die Intensität unseres Wollens in Bezug auf bestimmte Dinge. Will ich etwas unbedingt haben, dann habe ich diesbezüglich eine starke Willenskraft und fühle mich unaufhaltsam und unbesiegbar, weil ich bereit bin, (fast) alles dafür zu geben und meine Zeit dafür zu nutzen. Will ich es nur halbherzig, dann ist meine Willenskraft ziemlich schwach ausgeprägt.

„Nichts ist mühsam, was man willig tut." (Thomas Jefferson)

„Man trägt ein göttliches Gefühl in seiner Brust, wenn man erst einmal weiß, dass man etwas kann, wenn man es nur will." (Friedrich Ludwig Jahn)

„Wir brauchen nicht mehr Kraft, mehr Talent oder mehr Gelegenheit, was wir brauchen, ist der Wille, zu nutzen, was wir besitzen." (Basil S. Walsh)

Will ich etwas haben, bin ich derart motiviert, dass mich nichts und niemand auf der Welt aufhalten kann. In diesem Zustand werde ich trotz ungünstigster Umstände mein Ziel erreichen. Aufgeben ist dabei eine Sache, die mir erst gar nicht in den Sinn kommt, weil ich vor Willensstärke und Motivation förmlich brenne. Wahre Motivation und

Wollen haben nichts mit Wut zu tun, und sollten nicht mit einer aus der Wut geborenen Aktivität verwechselt werden. Es kommt oft vor, dass jemand gehänselt wird, weil er übergewichtig ist. Daraufhin wird er wütend und beschließt abzunehmen. Was glaubst Du, lieber Leser, wie lange er die Diät wohl durchhalten wird? Solange seine Wut noch da ist. Ist sie aber erst einmal weg, ist auch die Motivation für die Diät futsch. Das typische Aktions-Reaktionsschema, nach dem Menschen absolut unter ihren wahren Möglichkeiten leben. Wir reden aber nicht vom „reagieren“, sondern von willensstarkem Wollen! Es ist ein meilenweiter Unterschied, ob man etwas macht, weil man es aufgrund äußerer Umstände für notwendig hält, oder ob man etwas tut, weil es wirklich erwünscht ist.

Stelle Dir dazu einmal einen Olympiateilnehmer vor. Der hat sich doch bestimmt nicht jahrelang diszipliniert abgemüht, weil der Trainer es so wollte, und auch nicht, um auf der Olympiade nur Zweiter oder Dritter zu werden. Nein, er WILL etwas für SICH erreichen und für ihn gibt es nur eins, nämlich das anvisierte Ziel entschlossen zu erreichen. Ohne Wenn und Aber. Ohne Kompromisse. Die Option „unentschlossen sein“ existiert überhaupt nicht.

„Das Schlimmste in allen Dingen, das ist die Unentschlossenheit.“ (Napoleon)

„Sei dazu entschlossen und die Sache ist getan.“ (Chinesisches Sprichwort)

Vergleiche das Potenzial dieses Sportlers mit Tee. Wenn Du den Tee auf den Fußboden schüttest, liegt dieses Potenzial nutzlos am Boden herum. Ohne eine Tasse, die in diesem Fall die Disziplin und die Willenskraft darstellt, ist alles Potenzial, jegliches Talent und jedwede Fähigkeit absolut nichts wert und vollkommen nutzlos, selbst wenn sehr viel davon vorhanden ist. Die Disziplin und die Willensstärke geben dem Potenzial erst die Form, die es braucht, um effektiv zu sein. Der Olympiateilnehmer hat viel für seine Wunscherfüllung getan, in Form von harten Trainingsstunden. Doch ganz egal, wie gut man sich körperlich auf die bevorstehende Aufgabe vorbereitet hat, ohne Willenskraft hat man keine Aussicht auf Erfolg. Man muss also kein Superathlet mit Muskeln und einer unerschöpflichen Kondition sein, um diese Willensstärke in sich aufzubauen. Menschen in Notlagen entwickeln auch diese Willenskraft und übertreffen dabei so manchen Spitzensportler. Eine Mutter hebt einen Wagen an, um ihre Tochter darunter zu befreien. In Kriegsgefangenschaft entwickeln Gefangene eine übermenschliche Willenskraft, um zu überleben. Ein Schiffbrüchiger, der tagelang auf einem Rettungsboot vor sich hin vegetiert, hält es übermenschlich lange ohne Nahrungsmittel und Wasser aus. Bei all diesen Beispielen wird deutlich, dass in den Köpfen dieser Menschen ein Schalter aktiviert wurde, der Energien freigesetzt hatte, derer man sich bis dahin nicht einmal bewusst war. Man hatte in Notsituationen ein bestimmtes Ziel als die aller höchste Priorität festgelegt (z. B. überleben), alles andere war zweit- und drittrangig. Kein Fernsehen, kein Internet, keine Ablenkungen hatten noch Platz im Kopf, nur noch eine Sache war wichtig, auf die man sich bewusst, mit Haut und Haaren, mit seinem ganzen Wesen, körperlich und geistig, konzentriert hatte. Sich bewusst mit einer Sache befassen bedeutet, sich zu 100% auf sie zu konzentrieren. Blende alles andere aus und widme Dich nur Deiner jetzigen Beschäftigung.

Da kann man mal sehen, zu was der Mensch so alles fähig ist, wenn er all seine Kräfte und alle seine Energien bündelt, und sie wie einen hochkonzentrierten, alles durchdringenden Laserstrahl auf eine bestimmte Sache richtet.

„Alle Kunst praktischer Erfolge besteht darin, alle Kraft zu jeder Zeit auf einen Punkt – auf den wichtigsten – zu konzentrieren.“ (Ferdinand Lassalle)

Man muss natürlich nicht darauf warten, bis mal tatsächlich ein Notfall eintritt, in dem man sein volles Potenzial nutzt, man kann sich mit regelmäßigen Übungen selbst dazu bringen, den besagten Schalter in sich zu aktivieren. Wichtig ist es, sich auf EINE Sache zu konzentrieren, und nicht auf mehrere zugleich. Konzentration lässt sich üben, indem man beispielsweise auf eine Wand starrt, sich dort einen Punkt auswählt und dann fünf bis zehn Minuten seinen Blick auf diesen Punkt ruhen lässt, ohne den Punkt aus den Augen zu verlieren. Ich selbst konzentriere mich meist wie so, wie sich ein Kind aufs Spielen konzentriert, nämlich ohne dabei verkrampft zu sein. Konzentration hat NICHTS mit Anspannung zu tun, im Gegenteil, je entspannter Körper und Geist sind, desto besser die Konzentration.

Auch wenn Multitasking (mehrere Arbeiten zugleich erledigen) in unserer heutigen Gesellschaft angesagt ist, zerstreut es lediglich Deine Energie. Stell Dir nur mal vor, Leonardo da Vinci hätte gleichzeitig die Mona Lisa gemalt, im Internet gesurft, Musik gehört, ferngesehen und dabei noch gechattet – das hätte kein gutes Ende genommen. Mache EINE Sache und Du machst sie zu 100% richtig. Mache zehn Dinge gleichzeitig und Du machst sie jeweils nur zu 10% richtig, und alle auf einem oberflächlichen Niveau. Wenn wir das Ganze wissenschaftlich betrachten, stellen wir sogar fest, dass man gar nicht mehrere Dinge gleichzeitig machen kann, da wir nie mehr als einen Gedanken auf einmal denken können. Wer Multitasking betreibt, macht also nicht mehrere Dinge zugleich, sondern unterbricht 100 Mal eine Sache in Gedanken, um eine andere zu machen, auch wenn sich das Ganze in Sekundenbruchteilen abspielt. Auf diese Weise bringst Du keine Wunscherfolge zustande.

Checkliste:
Mit einem starken Willen ist Dir alles möglich. Konzentriere Dich auf das Wesentliche, auf das glücklich Machende. Mit Deinem Willen aktivierst Du ungeahnte Energiereserven in Dir.

8. Selbstvertrauen

„Selbstvertrauen ist das erste Geheimnis des Erfolges." (Emerson)

Kannst Du Dir selbst vertrauen? Wenn Du Dir in irgendeiner Sache selbst etwas vormachst, Dich belügst, um vor Dir oder anderen Menschen selbst gut dazustehen, dann kannst Du Dir selbst nicht vertrauen. Oder wenn Du Dir vornimmst, z. B. täglich zu meditieren, aber immer wieder andere Sachen für wichtiger hältst, so dass Du Deine Meditation ständig verschiebst, dann kannst Du Dir selbst auch nicht über den Weg trauen. Wenn das so ist, dann sollten wir dieses Selbstvertrauen aufbauen.

„Das Aufschieben wichtiger Geschäfte ist eine der gefährlichsten Krankheiten der Seele." (Georg Christoph Lichtenberg)

„Selbstvertrauen ist die Quelle des Vertrauens zu Anderen." (Rochefaucould)

Sich selbst etwas versprechen und es nicht halten, ist der schnellste Weg zur Charakterlosigkeit. Wenn Du Dir selbst etwas versprichst, ist es mindestens genauso wichtig, wie wenn Du etwas einem anderen Menschen versprichst. Wenn Du Deine Versprechen brichst, verlierst Du Deine Glaubwürdigkeit Dir selbst gegenüber – Du glaubst Dir selbst nicht mehr. Was repräsentierst Du wohl, wenn Du Dir selbst nicht treu sein kannst? Selbstlüge und Selbstbetrug. Es geht also darum, sich selbst nicht zu belügen, seinen Willen aufzubauen und sich selbst zu kennen, Herr über sich selbst zu werden, so dass unsere Schwingung von uns kontrolliert wird.

„Wer die Menschen kennt, ist weise. Wer sich selbst kennt, ist erleuchtet." (Laotse)

„Niemand ist frei, der nicht über sich selbst Herr ist." (Matthias Claudius)

„Wer einmal sich selbst gefunden, kann nichts auf dieser Welt mehr verlieren. Wer einmal den Menschen in sich begriffen, der begreift alle Menschen." (Stefan Zweig)

Dazu sind neue Gewohnheiten im Denken und Handeln erforderlich, und dazu wiederum ist Disziplin nötig. Wer sein Leben verändern will, muss Entscheidungen treffen, das sollte jedem klar sein. Und jede positive Entscheidung führt zu positiven Konsequenzen. Die meisten Menschen haben jedoch nie gelernt, ein aktives Leben zu führen und voller Selbstvertrauen wichtige Entscheidungen zu treffen. In der Schule entscheidet der Lehrer über den Lehrstoff, in der Firma entscheidet der Chef über die Arbeitsweise, das Finanzamt entscheidet, wann die Steuererklärung fällig ist, die Politik entscheidet über die Gesetze und der Vermieter, wann die Miete überwiesen werden muss. Das System, in das wir hineingeboren wurden, erzieht uns alle zu passiven, entscheidungsarmen Menschen, die nur ungern die Verantwortung übernehmen und diese lieber an Autoritäten über sich abgeben. Es wird also allerhöchste Zeit, ein selbst entscheidendes Individuum zu werden, welches verantwortungsbewusst und selbstautoritär ist. Fang an damit, aber fange bei Schritt eins an. Beginne mit Dingen, die Dir zunächst einmal als unerhebliche Kleinigkeiten erscheinen. Beispielsweise könntest Du Dich dazu entschließen, jeden Tag einen Kilometer zu joggen. Selbst wenn Du kein Freund des Joggens bist, hat das Ganze einen sinnvollen Hintergrund. Wenn Du diese Übung einen Monat lang durchhältst, dann hast Du damit Deinen Willen und Deine Selbstdisziplin geschult. Gelingt es Dir nicht, dann weißt Du, dass Du Deine Willenskraft aufbauen musst. Während Du diese Übung machst, wirst Du auf Unlust, auf ablenkende Einflüsse, auf Zweifel, auf innere Widerstände und auf Zeitmangel stoßen – genau so wie im wahren Leben. Bei den späteren, im Buch vorgestellten Übungen, die Dir bei der Erfüllung Deiner Wünsche helfen sollen, wirst Du auch auf all die Hindernisse wie Unlust, Langeweile und Zeitmangel stoßen. Es ist also ganz in Ordnung, wenn Du Deinen Willen mit Übungen trainierst, die Dir als nicht so wichtig erscheinen (z. B. Joggen).

„Wer keine Ausdauer hat bei Kleinigkeiten, dem misslingt der große Plan." (Altdeutsche Weisheit)

Wer mit Krafttraining beginnt, fängt auch erst einmal mit kleinen Gewichten an und arbeitet sich nach und nach immer weiter hoch.

Genauso machen wir es mit dem Training unserer Willenskraft auch. Wir fangen klein an und werden immer größer. Lass Dich aufs Joggen oder etwas Anderes ein und führe es konsequent durch. Zeige Dir auf diese Weise selbst, wie stark Dein jetziger Wille wirklich ist. Demonstriere Dir, ob Dein Wille der Herr über Deine Handlungen ist oder noch nicht. Prüfe mittels dieser Übung, ob Dein Wille Deinen Unmut, Deine Unlust und äußere Ablenkungen übertrifft. Da Dein gesamtes Handeln von Deinem Willen gesteuert wird, wird sich deutlich offenbaren, wie stark Dein Wille zurzeit ist.

„Das Glück ist eine Frage des Willens. Ich bin das Ergebnis dessen, was ich mir ausgemalt und vorgestellt habe, was ich gewollt habe und was ich beschlossen habe zu sein.“ (Karl Lagerfeld)

Ich habe immer dann etwas erreicht, wenn ich voller Selbstvertrauen war und in diesem Bewusstsein etwas unternommen habe, aktiv wurde, agiert habe. Ich tat etwas, wo andere Menschen nichts getan haben, so dass ich etwas erhielt, was andere Menschen vielleicht nicht erhielten. Ohne Selbstvertrauen sagt man zu sich selbst „Das wird doch eh nichts“, aber mit Selbstvertrauen schwingt man derart motiviert und sicher, dass man seinen Wunsch bald in Händen hält.

Checkliste:
Lerne Dich selbst realistisch einzuschätzen, mit allen Stärken und Schwächen. Erst dann kannst Du an Beiden arbeiten. Willst Du den Erfolg kennenlernen, lerne zuerst Dich selbst kennen, sonst kannst Du Euch beide nicht einander vorstellen. Wenn Du Dir selbst vertraust, strahlst Du das aus und Deine Mitmenschen vertrauen Dir ebenfalls.

9. Wozu Affirmationen?

„Der Mensch bringt täglich sein Haar in Ordnung, warum nicht auch seine Gedanken?“ (Indische Weisheit)

Da die Energie-Verstärker dieses Buches oft mit Affirmationen kombiniert werden können, halte ich es für wichtig, deutlich zu machen, was Affirmationen in meinen Augen sind und wie sie eingesetzt werden sollten: Affirmationen sind eine wirkungsvolle Methode zur Selbstbeeinflussung, die durch den französischen Psychiater Coué im Westen bekannt wurden. Es handelt sich dabei um laut gesprochene Aussagen, die das beschreiben, was man sich wünscht. Sie werden mehrmals hintereinander gesprochen, so dass sie sich uns einprägen. Am besten ist es, wenn sie kurz und immer positiv formuliert werden, und Du Dich dabei glücklich, leicht und frei fühlst. Am Ende einer „Affirmations-Session“ kannst Du ein Schlusswort sprechen, welches als Bestätigung und Energie-Verstärker dient (so wie beim Beten das Wort „Amen“.). Setzt Dich gedanklich mit einem leistungsfähigen Computer gleich. Nur, wenn Du die entsprechenden Anweisungen und Kommandos eingibst, arbeitet er zufriedenstellend.

Du kannst Affirmationen für alles Mögliche einsetzen: Gesundheit, Reichtumsbewusstsein, Selbstvertrauen, zur Überwindung innerer Ängste und vieles mehr. Durch sie kann man beherrschter, geduldiger, optimistischer, lebensfroher und glücklicher werden und bleiben. Gleichzeitig schützt und befreit man sich von negativen Denkmustern, die einem unnötig das Leben schwer machen. Präge Dir jeden Tag ein, dass Du ungeheuer wertvoll bist und dass es Dein Lebenssinn ist, glücklich zu sein. Eine Affirmation, die ich täglich mehrmals ausspreche, lautet: „Ich bin der Erschaffer meines Lebens.“ Alles, was Du am meisten wiederholst, bleibt unwiderruflich in Dir, wird zu Deiner Schwingung und später zu Deinem Leben.

Darf ich vorstellen? Dein Unterbewusstsein

Im Grunde ist unser Geist zweigeteilt. Unser bewusstes Verhalten wird, auch wenn wir es nicht merken, vom Unterbewusstsein gelenkt.

Um selbstbestimmt zu leben, ist es also erforderlich, das Unterbewusstsein (z. B.) durch Affirmationen und Imaginationen so zu programmieren, dass es unseren Wünschen entsprechend agiert. Alles, was Du Deinem Unterbewusstsein einprägst, wird verwirklicht. Unser Unterbewusstsein setzt alles in die Tat um, was man ihm mit Entschlossenheit sagt. Und immer wenn Du das Wort „ICH“ sagst, wird Dein Unterbewusstsein hellwach und hört ganz besonders aufmerksam zu, weil es alles manifestieren will, bei dem dieses Wort vorkommt. Selbst daher gesprochene Sätze wie „Ich bin vielleicht ein Idiot“, „Ich hasse das“, „Ich kann mir das nicht leisten“ oder „Ich habe nie Glück“ haben eine immense Wirkung auf unser Unterbewusstsein, also bitte immer darauf achten, was man denkt, fühlt und sagt. Zwar müsste man solche schädlichen Sätze regelmäßig und oft sagen, bevor sie sich als negative Lebensumstände bemerkbar machen, aber in diesem Fall ist keinmal besser als einmal. Merke Dir einfach, dass Du IMMER einen stillen Beobachter und Zuhörer in Dir hast, der alles wortwörtlich nimmt. Ich stelle mir mein Unterbewusstsein als ein vierjähriges Kind vor, dem man im Gegensatz zum Bewusstsein die gewünschten Dinge immer wieder klar und deutlich sagen muss, damit sie ihre Wirkung entfalten. Immer und immer wieder, jeden Tag aufs Neue. Mit der Zeit wird das Unterbewusstsein davon überzeugt sein, dass das, was man ihm sagt, bereits Realität ist, so dass die tatsächliche Verwirklichung nicht mehr lange auf sich warten lässt.

Worin besteht der Unterschied zwischen Bewusstsein und Unterbewusstsein? Das Bewusstsein arbeitet logisch und filtert aus allen Aufforderungen und Informationen (ob gehört, gesehen oder gelesen) die heraus, die es für sinnvoll hält. Das weitaus mächtigere Unterbewusstsein hingegen nimmt alles an, egal ob hilfreich oder schädlich, und macht sich an die Ausführung bzw. die Verwirklichung davon. Je öfter ein Gedanke wiederholt wird und mit starken, bildhaften Emotionen behaftet ist, desto intensiver befasst sich das Unterbewusstsein damit und hält es, je nach Stärke eines emotionalen Bildes, für real und wahr. Vor diesem Hintergrund ist festzustellen, dass sich die Warnhinweise auf Zigarettenpackungen als äußerst kontraproduktiv erweisen. Dort wird auf tödliche

Krankheiten hingewiesen, das Unterbewusstsein nimmt diese Information ungefiltert auf und macht sich an die Verwirklichung.

Verlieren wir nie aus dem Blick, dass sich über 90% aller geistigen Prozesse, wie Entscheidungen treffen, Meinungen bilden und Vorlieben und Abneigungen entwickeln, im Unterbewusstsein abspielen. Zum Beispiel geht man in den Supermarkt und kauft ein Produkt, welches rational nicht nachzuvollziehen ist. Wenn man sich in einen Menschen verliebt, dann geschieht das auch unbewusst, aus dem Nichts heraus, ohne logische oder rationale Argumente anzuführen. Jeder Mensch, der sich nicht mit seinem Unterbewusstsein beschäftigt, verzichtet also freiwillig auf über 90% seines Potenzials und engt seine Möglichkeiten, sein Leben bewusst, glücklich und erfolgreich zu gestalten, sehr stark ein.

Wie man Affirmationen anwendet

Hat man erst einmal verstanden, wie man sich selbst bewusst und gezielt verändert, sich neu programmiert, ist das Leben einfach nur schön. Man kann sich gar nicht ***nicht*** verändern. Du hast Abermilliarden Zellen in Dir, die sich ständig verändern. Sie sind einer immerwährenden Transformation ausgesetzt, so dass Du als Mensch nach sieben Jahren einen völlig neuen Körper hast. Auch Deine Gedanken ändern sich nicht nur täglich, sondern sekündlich. Jahreszeiten ändern sich, die Natur wächst und gedeiht, und verändert sich dadurch auch, Deine Mitmenschen und Dein gesamtes Leben verändern sich ständig. Veränderung ist das einzig Konstante im Leben und ein Naturgesetz. Durch eine überzeugte Affirmation steuert man den Veränderungsprozess und überlässt ihn nicht passiv den Umständen.

Doch wer kennt das nicht? Man spricht eine bestimmte Affirmation, hat aber die ganze Zeit Zweifel über die Richtigkeit dieser Aussage. Unser innerer Kritiker protestiert unentwegt gegen bestimmte, ausgesprochene Affirmationen. Man kann in solch einem Fall seine Affirmation umformulieren, bis sie stimmig ist. Zum Beispiel haben viele Leute Probleme, an die Aussage „Ich bin reich“ oder „Ich bin kerngesund“ zu glauben, wenn sie sich gerade arm oder krank fühlen. In diesem Fall gibt es die Methode, einfach nur „Finanzieller Reichtum“ oder „Absolute Gesundheit“ zu sagen, ohne das Wort „Ich“ zu benutzen. Man reißt seinem inneren Kritiker den Argumentationsboden unter den Füßen weg, weil man nur zwei sehr positive Formulierungen laut ausspricht, ohne zu behaupten, dass man sie auf sich selbst bezieht. Dagegen lässt sich nur schwer protestieren. Aber trotzdem hat es eine unglaublich positive Wirkung auf denjenigen, der die Affirmation laut spricht. Mit der Zeit wechselt man dann wieder zu „Ich wünsche mir reich/gesund zu sein“, „Ich habe beschlossen...“ oder „Ich bin ...“. Genau ab diesem Zeitpunkt wird sich aller Wahrscheinlichkeit nach der innere Kritiker wieder zu Wort melden. Was tut man in diesem Fall?

WEITERMACHEN!

Man macht also weiter und nach einiger Zeit hat man bereits viermal so oft die Affirmation ausgesprochen, als es in unzähligen Büchern steht. Der innere Kritiker ist es langsam leid, ständig Einwände zu erheben und hält sich merklich zurück. Die Affirmation dringt langsam aber sicher, immer mehr und mehr ein. Auch wenn immer noch irgendwelche ablenkenden, lärmenden „Kopffilme“ Deine Konzentration stören, keine Angst, sie werden mit der Zeit ausgeblendet und verstummen. Was macht man nun?

WEITERMACHEN!!

Nun hat man bereits zehnmal so oft die Affirmation gesprochen, als man ursprünglich vorhatte. Das Ergebnis davon ist, dass bestimmte Bewusstseinsanteile in Dir sich mit der Affirmation vertrauter gemacht haben, und sie nicht von vornherein ablehnen. Dein Inneres hört seit einer bestimmten Zeit immer nur dasselbe, nämlich Deine laut und deutlich gesprochene Affirmation in Verbindung mit einem entsprechenden geistigen Bild und dem Gefühl der Freude dazu. Der innere Kritiker kann nur ganz leise, auf geistigem Wege dagegenhalten, er hat keine Stimmbänder zur Verfügung und muss über kurz oder lang verlieren. Das, was sich mehr einprägt, gewinnt.

Jede Affirmation gibt Dir mehr und mehr Energie. Du fühlst Dich immer besser und besser. Was nun?

WEITERMACHEN!!!

Falls Dein Mund trocken wird, trink einen Schluck Wasser, falls Du auf Toilette gehen musst, tu es, falls Deine Konzentration nachlässt, ruhe Dich ein wenig aus, aber mach danach unbedingt weiter mit Deiner Übung. Die Akzeptanz Deines Unterbewusstseins bezüglich Deiner Affirmation nimmt stetig zu. Wenn Dein innerer Kritiker ganz still wird, hast Du auch die letzte Mauer des Widerstands eingerissen und erschaffst Dir Deine Realität. Nun, da der innere Kritiker endlich schweigt, was machen wir da?

WEITERMACHEN!!!!

Jetzt hast Du nämlich das erste Etappenziel erreicht: Du hast endlich freie Bahn und kannst die Affirmation tief in Dein Unterbewusstsein transportieren. Diese Affirmation ist ein Teil Deines Fundaments, auf dem Du ein Leben voller Glück errichten wirst. Nutze jetzt erst recht die Gelegenheit, da der innere Kritiker endlich verstummt ist. Installiere Deine Affirmation immer tiefer in Dein Unterbewusstsein, lasse sie reifen, so dass sie nach mehreren Übungen zu einem unerschütterlichen **Glaube**nssatz wird. Hast Du das erst einmal geschafft, ist der Rest ein Kinderspiel. Sobald ein Gedanke als richtig aufgenommen wird, hat man sich eine Realität erschaffen, die über jeden Zweifel erhaben ist. Und sobald man SEINE Realität hat, strahlt man diese als ganz spezifische Schwingung aus und nimmt sie als äußere Lebenssituation wahr.

„Wer nicht von Grund auf umdenken kann, wird nie etwas am Bestehenden ändern." (Anwar Al Sadat)

Die innere Stimme (die lediglich ein Programm in Deinem Kopf ist), die bislang ständig etwas einzuwenden gehabt hat, hat sich durch die ständigen Affirmationen geändert und sich mit der Zeit zu Deinem größten Befürworter gewandelt. Die Umprogrammierung war erfolgreich: Du hast ein neues Betriebssystem. Und nicht irgendein Betriebssystem, sondern wirklich und wahrhaftig DEIN eigenes, von Dir selbst bestimmtes, selbst gewähltes und selbst geformtes Betriebssystem, das genau Deinen Wünschen und Anforderungen entspricht.

Wiederholung ist das Geheimnis

Egal, wie wenig Sinn Dir das ständige Wiederholen bestimmter Affirmationen macht, Du machst einfach weiter, bis es Dir Spaß macht und den gewünschten Erfolg bringt. Und genau da liegt das Geheimnis des Erfolgs. Je öfter Du die Affirmationen wiederholst, desto mehr nimmst Du sie an, desto wahrer und wirklicher erscheinen sie Dir, desto eher werden sie zu einer Gewohnheit. Es klingt neu, es klingt eigenartig, aber ES WIRKT!!! Und jeder kann diese Methode anwenden. Lasse etwas Zeit vergehen und Du wirst bald feststellen, dass durch die ständige Wiederholung positiver Affirmationen eine Veränderung in Deinen Überzeugungen eingetreten ist. Das große Geheimnis ist einfach die ständige Wiederholung der gewünschten Realität, bis man daran glaubt, bis man weiß, dass sie wahr ist, bis kein Fünkchen Zweifel übrig bleibt.

Der stark umstrittene, frühere amerikanische Präsident George W. Bush hat in einer seiner letzten Reden über 20 mal den Satz „Kampf gegen den internationalen Terrorismus“ benutzt, damit er sich bei seinen Zuhörern fest einprägt. Hört man ein Lied zig Mal im Radio, welches mehrmals täglich wiederholt gesendet wird, entwickelt es sich ganz automatisch und unbewusst zu einem Ohrwurm. Ebenso die Werbung im Fernsehen. Sieht und hört man sie oft genug, hat sie sich im Unterbewusstsein schon bald fest verankert. Was die Werbung kann, kannst Du auch, lieber Leser. Spiel das geistige Bild Deines Wunschlebens wieder und wieder und wieder ab, bis es als neuer Glaubenssatz einen festen Platz in der Loge Deines Unterbewusstseins einnimmt. Es ist etwa so, wie wenn beim Fußball die Fans ihre Mannschaft anfeuern, nur dass Du Dich in diesem Fall selbst anstachelst und motivierst. Das Geheimnis ist tatsächlich die ständige Wiederholung.

„Ein guter Hahn kräht auch zweimal.“ (Sprichwort)

Stell Dir Deine bisherigen Glaubenssätze, welche Dir nicht so schöne Lebensumstände beschert haben, als einen großen Brand vor. Um dieses Feuer zu löschen, brauchst Du die Feuerwehr mit viel Wasser, die in Form von Deinen positiv formulierten, mit Glauben und freudigen Gefühlen aufgeladenen Affirmationen daherkommt. Aber selbst die weltbeste Feuerwehr kann kein Feuer löschen, wenn sie nur wenige Minuten, halbherzig und gelangweilt ihrer Tätigkeit nachgeht. Sie kann nur dann Erfolg haben, wenn sie motiviert, entschlossen und kontinuierlich vorgeht. Es ist so simpel, so einfach und so unkompliziert, wie auch das Gesetz der Anziehung und auch sonst alles in der Natur simpel, einfach und unkompliziert ist. Du solltest über die schädlichen Glaubenssätze in Dir auch nicht verärgert sein, da sie für ihre Anwesenheit in Dir nichts können, da Du sie selbst hereingelassen hast.

Sollte Deine Konzentration während Deiner Affirmationsübung nachlassen, dann mache es so wie ich. Ist mein Affirmationssatz z. B. „Ich bin kerngesund", dann wechsle ich nach einer halben Stunde, ohne meine Übung zu unterbrechen, zu dem Satz „Mein Geist und mein Körper strotzen vor Gesundheit", später wird daraus „Absolute Gesundheit erfüllt mich" und später geht es mit dem allerersten Affirmationssatz wieder weiter. Wiederholt man ständig das Gleiche, wird es nach einiger Zeit eintönig und man spielt wie ein Kassettenrecorder automatisch den Satz ab, oft ohne dabei die erforderliche Gefühlsintensität zu entwickeln. Wechselt man seine Sätze, ohne dabei die Aussage bzw. den Inhalt zu verändern, bleibt die Konzentration hellwach. Du kannst während der Übung auch bestimmte Bewegungen machen, wenn sie Dich positiv beeinflussen. Beispielsweise kann man bei dem Affirmationssatz „Ich empfange finanzielle Fülle" mit den Armen eine Bewegung machen, die andeutet, dass man die finanzielle Fülle umarmt und in Empfang nimmt. Bei besonders hartnäckigen Zweifeln sage ich oft „Ich habe die Fähigkeit zu atmen und genauso wie ich atmen kann, habe ich auch die Fähigkeit ...!" Wenn wir Dinge, an die wir ganz selbstverständlich glauben (z. B. atmen zu können), mit unseren zweifelbehafteten Wünschen kombinieren, fällt uns der Glaube an das Erreichen dieser Ziele wesentlich leichter und die Zweifel lassen nach. Jeder muss für sich selbst herausbekommen, was ihm zusagt und was nicht.

Die alten Glaubenssätze, die nicht zu den Affirmationen passen, verlieren durch das ständige Wiederholen eines oder mehrerer Affirmation immer mehr und mehr an Macht, bis sie vollends verschwunden sind und Platz für neue, förderliche Glaubenssätze geschaffen haben. Mache immer weiter, bis Du zu 100% von der Richtigkeit Deiner Affirmationen überzeugt bist. Es ist ein riesiger Unterschied, wenn jemand in einem Buch gelesen hat, dass unsere Gedanken unsere Realität kreieren, und jemand, der sich das mehrere Jahre drei Stunden täglich in Form von Affirmationen sagt. Ich habe eine Woche lang täglich 5 Stunden eine Affirmation gesprochen, bis ich vollkommen davon überzeugt war, dass sie bereits Wirklichkeit ist. Nach nur acht Tagen war sie Realität. Ich bekam zwei Katzen geschenkt. Die Übung habe ich ganz unverkrampft und im Zustand von Freude und Begeisterung getan, so dass die 5 Stunden im Nu vorbei waren.

„Zum zehnten Mal wiederholt, wird es gefallen.“ (Horaz)

Nachdem ich nun beschrieben habe, wie eine Affirmation anzuwenden ist, sollte jedermann klar sein, dass es nichts bringt, wenn man sie nur halbherzig macht. Affirmationen sind gleichzeitig gute Übungen, um seine Willenskraft zu schulen und das Verhältnis zum Wunsch zu überprüfen. Selbst wenn sich das Gefühl der Sinnlosigkeit, Langeweile und Unlust bemerkbar macht, immer schön weitermachen, denn all diese Gefühle sind nur vorübergehend. Wie lange sollte man eine Affirmation laut vor sich her sagen? Ich möchte dazu keine zeitlichen Angaben machen, da jeder Mensch individuell ist und es keine zeitlichen Allgemeinregeln für jedermann gibt. Es ist im Grunde wie Vokabeln lernen. Der eine braucht 5 Wiederholungen pro Vokabel, der andere 10. Der eine ist in einer Viertelstunde fertig, der andere braucht über eine Stunde. Es ist von Mensch zu Mensch unterschiedlich, nur eins verbindet uns alle: Wenn man die Vokabeln nicht regelmäßig übt, dann „sitzen“ sie nicht richtig. Wenn aber die Vokabeln schon nicht richtig sitzen, wie will man dann eines Tages frei und flüssig mit ihnen arbeiten? Schließlich baut ja alles auf ihnen auf, sie sind das Fundament, ohne sie geht gar nichts. Das gilt auch für das Einprägen von Affirmationen. Jeder so lange, wie er es für richtig hält. Wenn jemand wie Ralf Schumacher sich jeden Tag mit Rennfahren befasst, wird er nicht viel Zeit brauchen, sich davon zu überzeugen, dass er Formel 1 – Weltmeister werden kann, im Gegensatz zu mir, der keine Ahnung davon hat. Er würde vielleicht 5 Minuten für eine überzeugende Affirmationswiederholung benötigen, während ich 5 Jahre brauchen würde, um auch nur annähernd denselben Bewusstseinszustand zu erlangen. Wer für „große Wünsche", an die er selbst nicht glaubt, nur wenig Zeit investiert, der wird wesentlich länger für ihre Verwirklichung brauchen, als jemand, der viel Zeit dafür investiert. Reine Logik. Also bleib ausdauernd und bleib dran.

„Große Werke werden nicht durch Gewalt, sondern durch Ausdauer vollbracht. Derjenige, der mit Entschlossenheit drei Stunden pro Tag vorangeht, wird in sieben Jahren eine Entfernung so groß wie den Erdumfang hinter sich bringen." (Samuel Johnson)

Du kannst Dir auch jeden Einwand Deines inneren Kritikers notieren und dazu Gegenargumente aufschreiben. Auch das kannst Du mehrmals laut hintereinander aussprechen, bis die Gegenargumente die Zweifel aufgelöst haben.

Positive Affirmationen verändern Dich zum Positiven und das ist ein voller Lebenserfolg. Bedenke immer, dass jedwedes Erfolgserlebnis im Grunde kein Ereignis ist, welches einmal kurz passiert, sondern es ist ein Prozess. Wahrer Erfolg ist immer der Weg zum Erfolg, jeder einzelne Schritt ist ein Puzzleteil des großen Ganzen.

Manche Leute brauchen keine positiven Affirmationen auszusprechen, weil sie unbewusst bereits auf der richtigen Schwingung sind. Wenn der Sohn eines Multimilliardärs im Luxus aufwächst, wird Geld für ihn etwas ganz Selbstverständliches sein, so wie die Luft zum Atmen. Er wird mit einem Reichtumsbewusstsein großgezogen und wird gar nicht die Gelegenheit haben, sich

Gedanken über Armut zu machen. Sein Bewusstseinszustand wird in Sachen Geld und Reichtum kaum mit dem eines hungernden Slumbewohners zu vergleichen sein. Wenn Du innerlich in Frieden mit Dir selbst und Deinen Mitmenschen bist, wenn Du das Schöne Deines Lebens siehst und es wertschätzt, dann brauchst Du keine einzige Imaginationsübung, keine Affirmation und auch sonst keine Methode, um auf Dein Innerstes einzuwirken, denn dann bist Du bereits auf der Schwingung, die Dir ganz von alleine alles Glück der Welt zukommen lässt.

Affirmationen funktionieren übrigens IMMER, nur leider bringen es die meisten Menschen nicht fertig, die von mir beschriebene Übung über einen längeren Zeitraum zu machen, sondern geben sehr schnell auf und sehen dann die Übung als unwirksam an. Hier zeigt sich einer der größten Wunschsaboteure überhaupt: Die menschliche Ungeduld. Die Wirkung jeglicher Affirmation liegt aber gerade in ihrer ständigen, regelmäßigen und kontinuierlichen Wiederholung. Wer sie nicht mehrere Monate täglich anwendet, kann kaum etwas Sinnvolles dazu sagen. Da spricht der Blinde von der Farbe, der Vegetarier vom Fleisch, der Nichtschwimmer vom Schwimmen, er ist überhaupt nicht qualifiziert, darüber zu sprechen.

Die Macht der Gewohnheit

Ich selbst habe die Erfahrung gemacht, dass sich Wünsche sehr schnell manifestieren, wenn man neben den von mir beschriebenen Energie-Verstärkern im Alltag etwa 2 bis 3 Stunden täglich Affirmationen laut spricht. Ja, ich weiß, das ist für Berufstätige eine lange Zeit, aber die daraus entstehenden, positiven Resultate gelten für das ganze Leben. Ich finde, das ist die Sache doch wert, aber natürlich muss das jeder für sich selbst entscheiden. Ich selbst kann mir derzeit vorstellen, diese Methode für den Rest meines Lebens zu praktizieren. Die ständige Wiederholung einer bestimmten Affirmation sorgt auch dafür, dass neue Gewohnheiten entstehen. Wenn die Gewohnheit in Bezug auf ein glückliches Leben förderlich ist, wird uns der Weg zur Wunscherfüllung gewohnheitsmäßig leicht fallen. Wie wichtig die richtigen Gewohnheiten sind, wird anhand des folgenden Gedichts klar:

Ich bin Dein ständiger Begleiter. Ich bin entweder Dein größter Unterstützer oder aber Deine schwerste Last.

Ich werde Dich weiter anspornen oder in den Misserfolg reißen. Ich unterstehe voll und ganz Deiner Kontrolle.

Die Hälfte aller Deiner Pflichten kannst Du mir übergeben und ich werde sie rasch und ordnungsgemäß erledigen.

Ich bin leicht zu handhaben, sei beständig mit mir. Zeige mir einfach, wie Du etwas erledigt haben willst und ich werde es nach einigen Versuchen von alleine tun.

Ich bin der Diener großer Menschen und auch für alle ihre Niederlagen verantwortlich.

Alle, die groß sind, wurden von mir groß gemacht, und alle, die Verlierer sind, wurden durch mich dazu.

Ich bin keine Maschine, arbeite aber genauso präzise wie eine Maschine und mit der Intelligenz von Menschen.

Du kannst mich für Deinen Gewinn einsetzen oder für Deinen Niedergang, mir ist es gleich.

Nimm mich, weise mich ein, sei standhaft mit mir und ich werde Dir die ganze Welt zu Füßen legen. Sei nachlässig mit mir und ich zerstöre Dich.

WER ICH BIN?

Deine Gewohnheit!!!

Unsere Gewohnheit ist oft der Grund dafür, dass wir nicht bewusst und selbstbestimmt leben, sondern immer nur dasselbe tun, so, als ob wir eine DVD immer und immer wieder abspielen. Wenn die

Gewohnheiten schädlich für uns sind, sollten wir sie so schnell wie möglich ändern.

„Die meisten Menschen denken nur alle zehn Jahre einen neuen Gedanken. Alles andere sind Wiederholungen." (Peter Sloterdijk)

„Die Gewohnheit ist so mächtig, dass sie uns selbst aus dem Bösen ein Bedürfnis macht." (T. Simon Jouffroy)

„Gewohnheit heißt die große Lenkerin des Lebens. Daher sollten wir auf alle Weise erstreben, uns gute Gewohnheiten einzuimpfen." (Francis Bacon)

Dabei ist nichts einfacher in der Welt, als etwas Bestehendes zu verändern. Ich kann anstelle des Kaffees z. B. lieber mal einen Tee trinken. Ich kann einen anderen Weg zum Supermarkt oder zur Arbeitsstelle nehmen. Oder eine Zeitschrift lesen, die ich vorher noch nie gelesen habe. Auf diese Weise bleibe ich im Geist frisch und munter, und biete mir selbst Überraschungen und Abwechslung, bleibe flexibel und beweglich im Denken und im inneren Erleben. Wichtig ist, dass das Leben nicht zur Gewohnheit, nicht zur Routine wird.

Kurz noch etwas zu den Affirmationen: Nachdem man eine Affirmationsübung beendet hat, kann man beispielsweise ein Buch lesen, in dem steht, wie man seine Wünsche erfüllt. Oder man spricht mit harmonisch eingestellten Menschen und teilt auf Anfrage gerne mit, wie gut es einem gerade geht (dient der Selbstverinnerlichung). Man kann auch ein schönes Bad nehmen und sich vorstellen, dass das Wasser, welches einen umgibt, den Körper mit Gesundheit auflädt. Wir richten also auch nach bewussten Übungen unser Leben weiterhin auf Glück, Gesundheit und Erfolg aus.

Wenn jemand sich darüber beschwert, dass diese Methode bei ihm (bis jetzt) noch nicht gewirkt hat, so liegt es meist an den fehlenden Emotionen und dem mangelnden Glauben bezüglich der baldigen Wunscherfüllung. Wenn Worte wie eine Waschmittelwerbung heruntergeleiert werden, ohne dabei Gefühle der Vorfreude zu spüren, dann sind sie kaum was wert. Jedes Wort, welches man ausspricht, muss mit dem unbändigen Gefühl der totalen Überzeugung gesprochen werden.

Dazu gehört aber auch die Einsicht, dass man, nachdem man sich eine positive Affirmation eingeprägt hat, sich das alles nicht wieder zunichte macht, indem man sich stundenlang vor den Fernseher hockt und negative Dinge anschaut, die einem das Gegenteil der eigenen, positiven Affirmation sagen. Ebenso sind bestimmte Mitmenschen nur mit Vorsicht zu genießen. Alles, was Deinen hart erarbeiteten Glaubenssatz ins Wanken bringen könnte, ist zu meiden. Halte Dir stets vor Augen, dass Deine Affirmation ein neues, glücklicheres und besseres Leben erschafft, und dass alles andere, im Vergleich zu einem Leben in Glück, belanglos ist: Die Nachrichten im Fernsehen, Filme, Musik, populäre Preisverleihungen, die gesendet werden, Deine Lieblingssendung und auch sonst alles.

Mein persönlicher Tipp: Wende mehrere Affirmationen täglich ein halbes Jahr lang an und erst dann siehe zurück und stelle fest, inwieweit Du Dich verändert hast. Am besten ist es, gar nicht zurückzuschauen, aber wenn Du es unbedingt willst, dann mache es bitte erst nach etwa sechs Monaten. Vorher nicht. Wenn Du Dich nicht daran erinnern kannst, wie Du vor sechs Monaten gewesen bist, weil Du nun ein gänzlich neuer Mensch bist, dann ist das sehr gut, weil Deine neue Art zu denken und zu fühlen ganz mit Dir verschmolzen ist. Übrigens, eine meiner Lieblingsaffirmationen lautet:

„Es geht mir Tag für Tag und in jeder Hinsicht immer besser und besser.“

Checkliste:
Positive Affirmationen programmieren Dich von „negativ“ auf „positiv“ und werden Deine neue Gewohnheit. Nur ständige Wiederholung bringt den gewünschten Erfolg.

10. Imagination & Visualisierung

„Unsere Vorstellung ist der Beginn der Schöpfung. Wir imaginieren, was wir ersehnen; wir wollen, was wir imaginieren. Und schließlich erschaffen wir das, was wir wollen." (George B. Shaw)

Imagination bedeutet sich etwas vorstellen, was man zuvor noch nie selbst gesehen hat. Zum Beispiel einen Menschen mit vier Armen und vier Beinen. Man konstruiert sich im Kopf eine vollkommen eigenständige Realität. Visualisierung ist eine Psychotechnik, die vom Amerikaner Elmar Green entdeckt wurde. (Visualisierung: lateinisch Verbildlichung). Diese Technik wurde später besonders von Shakti Gawain weiterentwickelt. Dabei stellt man sich ebenfalls etwas vor, aber man ruft geistige Bilder aus seiner Erinnerung hervor.

Wenn Du etwas imaginierst oder visualisierst, bedeutet das also, dass Du viel mit Deiner Vorstellungskraft arbeitest, die ein sehr guter Partner in punkto Wunschmanifestationen ist. Unsere bewusst gelenkte Phantasie ist nämlich ein sehr hilfreiches Mittel, wenn es darum geht, sich bereits das gewünschte Endergebnis visuell vor dem geistigen Auge zu erschaffen. Du hast Phantasie in Dir, in der Dir alles möglich ist, wo es keinerlei Begrenzungen gibt. Als wir erwachsen wurden, ist davon einiges eingeschlafen, aber sie ist noch da, sie ist nicht weg, sie muss nur aktiviert werden. Wenn Dir das gelingt, kannst Du Unmögliches möglich machen. Jeder Olympiateilnehmer sieht sich vor seinem inneren Auge bereits auf dem Siegertreppchen mit einer Goldmedaille in Händen. Jeder Bergsteiger sieht sich bereits auf der Bergspitze, die er zu besteigen beabsichtigt. Deine Phantasie ist eine unerschöpfliche Quelle, also nutze sie. Je mehr Du die Fernsehprogramme anschaust, desto weniger Phantasie hast Du, weil Du keine eigenen inneren Bilder entwickelst, sondern fremde Bilder übernimmst. Steven Spielberg sagte mal, als er auf seine außergewöhnliche Phantasie angesprochen wurde, dass er sie nur deshalb so weit entwickeln konnte, weil er als Kind keinen Zugang zu einem Fernseher hatte und sich seine eigenen Geschichten in seiner Phantasie erschuf.

Warum spricht man im Zusammenhang von Wünschen wohl von „großen Träumen“ oder „Lebensträumen“??? Weil man sich tatsächlich die Zeit nehmen sollte, etwas zu träumen und seine Phantasie einzusetzen, um seine Wünsche zu visualisieren und wahr zu machen. Wer nicht träumt, wird seine Lebensträume nie realisieren. Wer hingegen wach und bewusst träumt, der wird sie am schnellsten wahr machen. Es gibt keinen Grund, nicht an seine Träume zu glauben.

„Ihr seht und sagt: Warum? Ich aber träume und sage: Warum nicht?“ (G. B. Shaw)

Schauspieler sind bekannt dafür, dass sie sehr viel Vorstellungskraft haben müssen, wenn sie in die unterschiedlichsten Rollen schlüpfen. Robert De Niro ist ein Musterbeispiel dafür, dass er eine Rolle nicht nur spielt, sondern sie mit seinem ganzen Wesen verkörpert. Er bereitet sich intensiv auf seine Rollen vor, nimmt 30 kg ab, lässt sich kahlscheren, verbringt mehrere Wochen in bestimmten Gegenden und taucht in seine neue Identität ganz ein, sowohl geistig, als auch körperlich. Er spielte zum Beispiel im Film „The Untouchables (Die Unbestechlichen)“ nicht Al Capone, er WAR Al Capone. Wenn er lächelte, verzog er nicht nur seine Gesichtsmuskeln, sondern lächelte wirklich. Und wenn er einen Wutausbruch hatte, schauspielerte er nicht, sondern hatte tatsächlich einen Wutanfall.

Im chinesischen 8000 Jahre alten Tao wird gelehrt, dass jedes Lächeln die Organe dazu bringt, eine bestimmte Substanz zu produzieren, die dem ganzen Körper gut tut. Und moderne physiognomische und sozialpsychologische Experimente belegen, dass beispielsweise ein Lächeln unsere Gefühlswelt positiv verändert. Unsere Körperhaltung, unsere Mimik und unsere Bewegungen beeinflussen unsere Stimmung, deshalb lächle ich bei meinen Imaginationsübungen, was mir angesichts meiner emotionalen Wunschvorstellung nicht schwer fällt. Manch einer würde nun zu bedenken geben, dass das alles nur eine künstliche Rolle ist, die man spielt. Dabei vergessen die Meisten, dass wir Menschen immer verschiedene Rollen spielen bzw. vorleben. Zu unserem Chef verhalten wir uns anders, als zu unseren Eltern. Mit unserem Partner sprechen wir intimer als mit einem Arbeitskollegen. Schlüpfen wir also einfach in eine Rolle, in der unsere Wünsche bereits wahr sind. Seine Phantasie einsetzen und schauspielern gehen hierbei Hand in Hand. SEI Deine Rolle, spiele sie nicht nur. Verbinde Dich innerlich mit Deinem Wunsch, sei eins mit ihm, und zwar so weit, bis Du zu Deinem Wunsch wirst.

Natürlich ist die Intensität der Imagination bzw. der Visualisierung wichtiger, als die Dauer. Stelle ich mir unkonzentriert 5 Stunden lang etwas Bestimmtes vor, bringt mir das nicht so viel wie 30 Minuten konzentriertes, intensives Vorstellen. Am besten ist es, wenn man lange UND intensiv mit seiner Vorstellungskraft arbeitet, und dabei Affirmationen benutzt.

Nichts beeinflusst das menschliche Unterbewusstsein mehr als Bilder. Wünsche ich mir also etwas „Abstraktes“ wie Glück, Erfolg oder Reichtum, kann das Unterbewusstsein nicht so gut damit arbeiten, wie beispielsweise mit der bildhaften Vorstellung eines großen Geldberges, einer Villa oder einem attraktiven Urlaubsort. Imaginiere so detailliert wie möglich. Bist Du in Deiner Vorstellung z. B. an einem exotischen Badestrand, dann visualisiere nicht nur die Palmen und den wolkenlosen Himmel, sondern auch die Sonnenstrahlen, die Dich wärmen und ab und zu eine kleine Windbrise, die Dir durchs Haar weht.

Ich habe es mir zur Angewohnheit gemacht, alles im Geiste voraus zu erleben. Natürlich habe ich bei Vertragsabschlüssen alle wichtigen Unterlagen dabei, habe alles doppelt und dreifach überprüft, aber als viel wichtiger erachte ich es, alles in meiner Phantasie so durchzuspielen, dass alles zu meiner vollsten Zufriedenheit verläuft. Auf diese Weise erschaffe ich meine Realität **zuerst** und erlebe sie erst **danach**. Ich erlebe in meiner Phantasie jeden Tag voraus. Beim Kampfsport imaginiere ich oft, ich sei ein Tornado, der so schnell ist, dass ihn niemand zu fassen bekommt. Ein Bekannter von mir spielt Golf und imaginiert bei jedem Schlag, dass sein geschlagener Golfball eine Rakete ist, die zu ihrem Ziel fliegt. Ein anderer Freund, der an Schwimmturnieren teilnimmt, stellt sich vor, dass er ein Delphin und das Wasser sein natürliches Element ist. Meine Visualisierungstechnik habe ich geübt, indem ich mich des Öfteren vor eine brennende Kerze gesetzt habe und diese mehrere Minuten lang beobachtet habe. Dabei nahm ich alle Details genau auf, schloss die Augen und sah die Kerze vor meinem geistigen Auge ebenso detailliert.

Zusätzlich zu meinen persönlichen Wünschen imaginiere ich auch regelmäßig eine friedliche, gesunde und glückliche Welt und Menschheit. Denn was würde mir all mein Glück nützen, wenn ich inmitten einer unglücklichen Menschheit leben würde?

Checkliste:
Benutze die Macht Deiner Phantasie, um Deine Wünsche zu realisieren. Durchlebe alle Deine Lebenspläne in der Phantasie positiv voraus. Was Du Dir bildlich vorstellen kannst, wird noch leichter manifestiert.

11. Womit fütterst Du Deinen Geist?

Fütterst Du Deinen Geist vorwiegend mit Erwünschtem? Vergiss bitte niemals, dass Deine mentalen Bilder Dein Leben erzeugen. Dein gesamtes Leben entsteht quasi in Deinem Kopf. Es ist also ungemein wichtig, sich mental zu stärken, rein zu halten und im Denken Klarheit und Wohlbefinden zu schaffen bzw. zu bewahren. Ob Imaginationen, Visualisierungen oder Affirmationen – für alle diese Methoden ist eine gründliche Gedankensäuberung dringend notwendig. Ohne Gedankenpflege wirken die genannten Methoden im Regelfall nicht. Jeden Tag das Positive visualisieren, gleichzeitig aber täglich Negatives konsumieren, bringt uns nicht weiter. Das ist genauso sinnlos, wie wenn man täglich 3 Kilometer joggen geht, um abzunehmen, danach aber 3 kalorienreiche Torten isst. Die Schritte, die man sich vorwärts, Richtung Ziel bewegt hat, ist man wieder zurückgegangen, so dass man keine Fortschritte erzielen kann. Wichtig ist Beides: Die Erhöhung des Positiven UND zugleich die Reduzierung des Negativen. **NUR SO** erreicht man positiven Fortschritt, anders nicht. Kannst Du Dir auf Kommando eine blutige Leiche oder eine wilde Schlägerei vorstellen? Ja? Und es fällt Dir leicht? Viel leichter als beispielsweise lachende und fröhliche Gesichter? Dann ist es höchste Zeit, Gedankenpflege zu betreiben und zukünftig bei der Aufnahme von Informationen und Bildern **viel** wählerischer zu sein.

„Verzichte auf das Unnötige, damit es Dir nicht nötig werde.“ (C. Tschopp)

Die meisten äußeren Einflüsse schaden uns und behindern die Erfüllung unserer Wünsche. Man kann nicht das geistige Bild eines glücklichen, harmonischen und zufriedenen Lebens in sich aufrecht erhalten, wenn man sich tagtäglich gegenteiligen Bildern aussetzt. Wir werden tatsächlich jeden Tag aufs Neue beeinflusst. Nicht nur von unseren eigenen Gedanken, sondern vor allem durch unsere Umwelt: Medien, Webseiten, Newsletter, Werbung, Arbeitskollegen, unseren Freundeskreis, Vorgesetzte, Lehrer, Eltern, Bücher, sogar durch das Wetter und noch vielem mehr. All diese Faktoren wirken auf uns ein und verändern uns, wir saugen alle möglichen Informationen wahllos auf, so wie ein Schwamm das Wasser in sich aufnimmt. Oft geschieht es unmerklich, wenn die Umgebung, in der Du Dich befindest, Dich negativ beeinflusst, in den meisten Fällen sogar ohne böswillige Absicht, mehr aus Unwissenheit bezüglich des Gesetzes der Anziehung sowie aufgrund einer unbewussten Lebensweise. Ob absichtlich oder unabsichtlich ist aber egal, es gilt sich gut davor abzuschirmen. Jeder negative Kommentar Deiner Mitmenschen, der Kommentar in einem Film oder in den Fernseh- oder Radionachrichten, der in Dir ein schlechtes Gefühl bzw. die Empfindung der Angst verursacht (alle negativen Gefühle entstehen aus Angst), ist eine negative Affirmation von außen. Solange unsere

Existenz von Angst bestimmt wird, werden wir nicht glücklich sein. Alles, was Sorge, Furcht, Unsicherheit, Wut, Zweifel und Depressionen in uns verursacht, ist pures Gift für uns, möglicher Weise auch Deine Lieblingsserie, in der einer Deiner Filmhelden stirbt, so dass Du Trauer empfindest, oder in der es Szenen gibt, bei denen Du Dich erschreckst. Wenn Dich etwas vergiftet und dafür sorgt, dass Du dadurch unglücklich wirst, dann solltest Du damit nichts mehr zu tun haben wollen, denn sonst wirst Du nach und nach selbst zu diesem Gift. Vielleicht denkst Du, dass das nur Kleinigkeiten sind und sie keine allzu große Wirkung auf Dich haben, aber im Grunde gibt es keine Kleinigkeiten für Dein Unterbewusstsein, welches ALLES, was es vorgesetzt bekommt, als wahr annimmt und es umsetzt. JEDER Gedanke ist schöpferisch und deshalb sollte man sich davor hüten, etwas zu konsumieren, was Deine Gedanken dazu bringt, düster, ängstlich, wütend oder sonst irgendwie negativ zu schwingen. Das willst Du nicht wirklich haben, glaub mir.

„Kleinigkeiten machen die Summe des Lebens aus.“ (Charles Dickens)

„Sandkörner machen den Berg, Minuten das Jahr, flüchtige Gedanken ewige Taten. Haltet nichts für Kleinigkeiten.“ (Theodor Gottlieb von Hippel)

„Es gibt vielleicht keine größere Gefahr als die Hypnose des kommerziellen Fernsehens, die die Menschheit von ihrem größten Potenzial ablenkt.“ (Zeitschrift esotera 1/99)

„Auf eine betont bequeme Weise lässt man uns flüchten in eine bunte, zweidimensionale Welt der belanglosen Unterhaltung per Fernbedienung. Überlegen Sie einmal, ob SIE z. B. das Fernsehprogramm kontrollieren – oder ob das Fernsehgerät Sie kontrolliert? Es ist doch fast beängstigend, welche Präsenz und Selbstverständlichkeit dem Medium ‚Fernsehen' heute eingeräumt wird. Es gleicht schon einer menschlichen Selbstverspottung, den Fernseher im heimischen Wohnzimmer wie einen Altar mit kleinen

Deckchen, Blumensträußen, Kerzen und so weiter zu verehren." (Udo Brückmann)

„Fernsehen ist das einzige Schlafmittel, das mit den Augen eingenommen wird." (Vittorio de Sica)

Oh ja, es gibt nicht nur giftige Nahrung, die man über den Mund aufnimmt, sondern auch über den Geist. Darum schließe all das aus, was Deine geistigen Bilder von einem Leben in Glück schwächen und ins Wanken bringen könnte. Ich fing mit einer Probewoche ohne Fernseher an und es wirkte wahre Wunder. Plötzlich war sooooooooooo viel Zeit da für die glücklich machenden Dinge im Leben. Der Witz dabei ist, dass die Zeit schon immer da war, der Tag wurde ja nicht länger, aber plötzlich wurde mir bewusst, wieso ich immer so wenig Zeit hatte – schlicht und ergreifend deshalb, weil ich sie für belanglose und schädliche Dinge im Leben verplempert hatte und diese mich vom wahren Leben, also dem, was außerhalb der Mattscheibe geschieht, fernhielten. Aus der Probewoche wurde ein Probemonat ohne Fernsehen und heute brauche ich meinen Fernseher nur noch, um ausgewählte Filme auf dem DVD Spieler abzuspielen. Und weißt Du, was der absolute „Hammer" ist? Ich bin seitdem viel glücklicher, ausgeglichener, konzentrierter und erfolgreicher in Sachen Wünschen. Und weißt Du, was ein noch viel größerer „Hammer" ist? Ich hatte vorher ein Leben ohne Fernsehen für unmöglich gehalten. Auch das Internet ist ein zweischneidiges Schwert. Man fühlt sich während des „Surfens" und „Chattens" mit zig anderen Menschen verbunden, doch in Wahrheit sitzt man meist stundenlang einsam und allein vor einem Monitor und verpasst das wahre Leben. Diese Beschäftigung ist wie eine trostlose Einbahnstraße.

Wenn jemand sagt, er kann nur schwer oder gar nicht positiv denken, dann sollte er sich einmal fragen, warum er es nicht kann. Was bleibt wohl im Unterbewusstsein hängen, wenn man Gewaltdarstellungen in Filmen, Nachrichten über Katastrophen, Kriege und Korruption, Prophezeiungen über das Ende der Welt, Berichte über die Wirtschaftskrise und Verrücktheiten aus der sogenannten High

Society konsumiert? Sicher nichts, was unser Leben glücklicher macht, nicht wahr!?

„Auf die Dauer der Zeit nimmt die Seele die Farben der Gedanken an." (Marcus Aurelius)

„Niemand kann glücklich sein, wenn er keine Gedanken der Zufriedenheit und des Glücks pflegt." (Marcus Aurelius)

Solange Deine Gedanken mit negativen, schädlichen Glaubenssätzen, die Du annimmst, infiziert sind, denkst Du nicht *für* Dich, sondern *gegen* Dich. Runter von dieser „Unglücks-Straße", rauf auf die richtige, die zum Glück führt. Willst Du die Macht Deines Unterbewusstseins voll ausschöpfen, ist es oberste Priorität, darauf zu achten, das Unterbewusstsein rein zu halten. Konzentriere Dich auf das Wesentliche, das Harmonische, das Positive, und ignoriere alles Disharmonische zu 100% - es ist einfach nicht wert beachtet zu werden, es ist das fünfte Rad am Wagen, das auf der ganzen Welt wirklich kein einziger Mensch braucht. Schirme Dich also gegen alle Einflüsse und jedweden, äußeren Druck ab, die Dich mit furchteinflößenden Abhängigkeiten „voll dröhnen", Dich von Deinem Weg abbringen oder Dich entmutigen können. Wichtiges darf in Deinen Kopf hinein, Unwichtiges, was Dir nichts nützt und kostbaren „Speicherplatz" im Kopf besetzt und ihn wie ein Computervirus infiziert, hat schön draußen zu bleiben. Zu was wäre ein Mensch alles fähig, würde er sich nicht ständig von negativen Belanglosigkeiten „zumüllen" lassen und somit sein Inneres vernachlässigen? Verschwende Deine Energie nicht für SINN – lose Aktivitäten. Und halte Dir immer vor Augen: Sinnlos ist alles, was Deinem Lebensglück widerspricht.

Die drei großen Zeitfresser

„Es gibt Diebe, die nicht bestraft werden und dem Menschen doch das Kostbarste stehlen: Die Zeit." (Napoleon I.)

Ein wichtiger Schritt in Richtung „Wunscherfüllung" ist also, seine (Frei-) Zeit nicht für belanglose Nebensächlichkeiten zu vergeuden.

„Man spricht von ‚Freizeitaktivität', treffender könnte man sagen ‚Freizeitpassivität'." (Erich Fromm)

Werfen wir mal einen Blick auf die drei größten „Zeitfresser" unserer Gesellschaft: Telefonieren, fernsehen und im Internet surfen. Das Handy klingelt und es ist jemand dran, der eigentlich nur reden will, weil ihm langweilig ist? Verschiebe das Gespräch auf ein andermal und leg höflich, aber entschlossen auf. Mir würde so etwas sehr schnell kontraproduktiv und abgestumpft werden, weil ich wertvolle Lebenszeit für NICHTS verbrauche.

„Das Telefon ist eines der effektivsten Mittel zum Zeitsparen, aber auch eines der häufigsten Zeitfresser." (Telefon-Paradoxon)

Im Fernsehen läuft nichts, was wirklich interessant und wichtig für Dein Leben ist, und sich zudem einer Angst schürenden Rhetorik bedient? Dann schalt die Flimmerkiste aus. Befreie Dich von dem Irrglauben, Du müsstest immer alle Nachrichten mitbekommen und auf dem neusten Stand sein, um glücklich leben zu können. Das Fernsehen ist für uns wie das Licht für die Motte: Es versucht unentwegt, sich wichtig zu machen. Das Fernsehen ist aber nicht wichtig, sondern zieht uns nur in seinen Bann und macht uns hörig. Fürs Leben ist es absolut unwichtig, also wozu viel Zeit damit verbringen?!

„Argwöhnisch wacht der Mensch über alles, was ihm gehört. Nur die Zeit lässt er sich stehlen, am meisten vom Fernsehen." (Linus Carl Pauling)

Du surfst im Internet herum, ohne ein konkretes Ziel zu haben? Dann aber schnell raus da und mach den Rechner aus. In meinen Augen ist das ziellose Surfen einfach nur überflüssig und zeitraubend. Die drei genannten Beschäftigungen sind keine Tätigkeiten, es sind ANTI –Tätigkeiten bzw. UN – Tätigkeiten, und sie sind mit das Sinnloseste, was sich überhaupt denken lässt.

„Die Ablehnung, Unwichtiges zu tun, ist eine entscheidende Voraussetzung für den Erfolg." (Sir Mackenzie)

„Die Weisheit des Lebens besteht im Ausschalten der unwesentlichen Dinge." (aus China)

„Das Aussortieren des Unwesentlichen ist der Kern aller Lebensweisheit." (Lao Tzu)

Du musst Dich schon entscheiden, wofür Du Deine Zeit nutzt. Das Wort „Ent – SCHEIDUNG" macht bereits klar, dass etwas scheidet und wegfällt. Warum werden wohl die meisten Wünsche, Ziele und Träume nicht wahr? Weil man sich ständig ablenken lässt. Jede Minute, in der man sich mit solchen fürs eigene Glück unwichtigen Dingen beschäftigt, fehlt fürs Glücklichsein. Ich stelle mein Glück über alles andere. Mein persönliches Lebensglück ist meine erste Pflicht und hat höchste Priorität!!! Meine Devise lautet: Es ist besser NICHTS zu tun, als etwas SINN-loses zu tun, also etwas, was nicht mit SINN behaftet ist. Wozu sich mit etwas auseinandersetzen, was vom wahren Sein nur ablenkt? Betrachte das Wort „Ablenkung": Man lenkt Dein Leben vom wahren Weg ab, und zwar in eine Richtung, die Dir nicht gut tut. Ich nutze meine Zeit lieber dafür, motivierende Bücher über erfolgreiche Menschen zu lesen, in die Natur zu gehen, zu meditieren oder mich mit optimistischen Menschen zu treffen – eben alles, was mein Glücksempfinden bzw. meine Schwingung erhöht. Es gilt also, sich Prioritäten zu setzen, Wichtiges von Unwichtigem zu trennen, und was könnte wohl wichtiger sein, als das eigene persönliche Glück? Eine klare Prioritätensetzung und ihre Befolgung sorgen dafür, dass aus vorgestellten Wunschträumen glückliche Realität wird. Ich halte mich körperlich und mental vorwiegend dort auf, wo ich meinen Geist mit positiven, hilfreichen und glücklich machenden Glaubenssätzen aufladen kann, wo ich mich von guter Laune und feuriger Entschlossenheit anstecken lassen kann. Das ist seelischer Balsam.

Wenn ich mir all die Einflüsse in der Außenwelt anschaue, stelle ich mir vor, ich sei im Supermarkt und kaufe Obst oder Gemüse ein.

Dabei sortiere ich alle verdorbenen Obst- und Gemüsestücke aus und behalte nur die qualitativen. Genauso mache ich es mit meinen Tätigkeiten, Filmen, Musik, Mitmenschen und auch sonst allem anderen. Alles, was negative Gedanken und Gefühle in mir weckt, hat in meinem Leben nichts zu suchen! In meinem Oberstübchen ist kein Platz für negative Gedanken. Führen wir eine nützliche Selbstschutzmaßnahme durch und erklären wir unser Leben zur „NEGATIV – FREIEN ZONE".

„Auch Müll im Kopf ist Umweltverschmutzung." (Ulrich Wickert)

Und wenn man seinen Kopf verschmutzt, entstehen dadurch Gedanken und Handlungen derselben niedrigen Qualität.

„Wenn man schon ein Gefangener seines eigenen Geistes ist, kann man wenigstens dafür sorgen, dass die Zelle anständig möbliert ist." (Sir Peter Ustinov)

Es ist gar nicht so schwer, eine positive Schwingung in sich zu schaffen. Statt seine Aufmerksamkeit auf etwas zu richten, was nur Sorgen und Kummer beschert, kann man sich sehr leicht dazu bringen zu lachen und dadurch positiv zu schwingen. Bei mir reicht für gewöhnlich ein lustiger Film und ich schwinge wieder positiv.

Womit beschäftigst Du Dich?

Achte ganz besonders auf Deine Beschäftigungen: Die meisten Menschen lenken ihre Energie über den Tag verteilt in die falschen Bahnen, sie verbrauchen und zerstreuen sie verschwenderisch für unproduktive, belanglose Dinge, die einen nicht glücklich machen, sondern nur ihre Energie rauben, so dass sie abends froh sind, wenn sie müde und erschöpft ins Bett sinken können. Ich selbst war Jahre meines Lebens ein solcher Mensch. Denke nur einmal daran, wie oft man sich gesagt hat „Dafür habe ich keine Zeit" und wie viele Stunden des bisherigen Lebens man damit verbracht hat fernzusehen. Und dann stell Dir vor, man hätte diese Zeit für die Erfüllung seiner Wünsche genutzt. Mannomann, was hätte man alles schaffen können. Aber wieso „hätte"??? Man kann es immer noch schaffen, es ist nie zu spät, jeder Tag ist ein Neuanfang, sogar jede Minute und jede Sekunde. Gehe weise mit Deiner Energie um, denn wenn Du sie für nutzlose Dinge verschwendest, fehlt sie Dir für die wirklich nützlichen und wichtigen Dinge im Leben. Das Leben ist nicht dafür da, um es zu verschwenden. Das Leben ist dazu da, um uns glücklich zu machen. Warum sonst leben wir wohl?

„Wie viele Dinge es doch gibt, die ich nicht brauche!" (Sokrates)

Stelle Dir bitte vor, dass Du Deinen Wunsch, der Dich glücklich macht, ständig mit Dir herumträgst und dass er ein bestimmtes Gewicht hat. Außer Deinen Wunsch trägst Du aber auch andere Dinge mit Dir herum, nämlich negative Glaubenssätze und Medienmüll, den Du täglich aufnimmst – alles Sachen, die vollkommen unwichtig und sogar hinderlich für Dein persönliches Lebensglück sind. Um Deinen Wunsch bis zu seiner Erfüllung (gedanklich) tragen bzw. halten zu können, musst Du alles andere fallen lassen, denn es ist nur totes Gewicht, das Dich am Glücklichsein hindert. Ja, wirf es lachend weg, denn ab dann kannst Du absolut sicher sein, dass das Glück in Dein Leben strömt.

Der Umgang prägt

Sollte sich Dein Umfeld wundern, was Du so alles tust, um Deine Wünsche wahr zu machen, nimm es gelassen. Ob man Dir nun Beifall spendet und Dir anerkennend auf die Schultern klopft, oder ob man Dich für einen esoterisch abgehobenen und realitätsfremden Menschen hält, sollte keinerlei Einfluss auf Dein Gemüt und Deine Lebensweise haben. Dein Umfeld versteht Dich vielleicht nicht, wenn Du lieber Deinem persönlichen Lebensglück nachgehst, indem Du diverse Wunschmethoden ausprobierst, anstatt Fußball zu gucken oder in die Disco zu fahren, aber wen interessiert das schon? Was interessieren Dich schon die Meinungen anders schwingender Menschen, die völlig andere Ziele im Leben haben? Es sind nur Meinungen, mehr nicht! Wichtig für Dich ist, was DU willst, nicht was andere Menschen wollen. Was immer man mit seinem Leben anfangen will, muss jeder für sich selbst entscheiden.

„Leben ist das, was Du daraus machst. Die Chancen liegen bei Dir." (Unbekannt)

Du willst Dein Leben in Glück und Harmonie leben und wenn das jemandem nicht passt, dann ist das sein Problem, aber ganz sicher nicht Deins. Deine Prinzipien sollten jedem kollektiven Druck standhalten. Die Leute lachen Dich vielleicht aus, weil Du anders bist. Eher kannst Du sie auslachen, weil sie alle gleich sind.

„Das Schlimmste, das mir passieren kann, ist so zu sein, wie alle anderen." (Arnold Schwarzenegger)

„Wer sich an andere hält, dem wankt die Welt. Wer auf sich selber ruht, steht gut." (Paul von Heyse)

„Wer mit dem Strom schwimmt, erreicht die Quelle nie." (Peter Tille)

„Wer nicht auf seine Weise denkt, denkt überhaupt nicht." (Oscar Wilde)

„Geh Deinen Weg und lass die Leute reden." (Dante)

Bleibe Du selbst und werde nicht anderen Menschen zuliebe eine Person, die Du nicht bist. Das produziert nur Unglück. Ein Hund miaut nicht, eine Katze bellt nicht und eine weiße Weste macht aus niemandem einen guten Menschen. Und nichts anderes als eine weiße Weste ist eine fremdbestimmte Rolle, die man spielt, um anderen Menschen zu gefallen und die nichts mit unseren innersten Wünschen zu tun hat. Stattdessen lebe DEINE Wahrheit!!! Gehe DEINEN Weg!!! Höre auf DEINE innere Stimme!!! Es können Dir unendlich viele Stimmen in der Außenwelt unendlich viele und unterschiedliche Ratschlage erteilen, doch ich rate Dir, höre auf Deine eigene Stimme tief in Dir drin. Dazu eine kurze Geschichte:

Eine junge Frau bekam von vielen ihrer Freundinnen zu hören, dass ihre jetzigen Schuhe abgetragen seien und sie sich besser neue kaufen sollte. Da sie viel Wert auf die Meinung anderer Menschen legte, ging sie in das nächste Schuhgeschäft und probierte über 50 verschiedene Paar Schuhe aus. Doch kein Paar gefiel der Frau und sie wurde langsam, aber sicher inmitten all der ausprobierten, umher liegenden Schuhe missmutig. Plötzlich fiel ihr Blick auf ein Paar, welches ihr auf Anhieb gefiel. Sie probierte sie an und wusste sofort tief in ihrem Inneren, dass sie und diese Schuhe zusammengehörten. Freude, eine tiefe Zufriedenheit und Unbeschwertheit machten sich in ihr breit. Sie fragte die Verkäuferin nach dem Preis, doch die antwortete: „Diese Schuhe kosten nichts." Die Frau fragte ungläubig: „Ist das ihr Ernst? Warum kosten sie denn nichts?" Und die Verkäuferin erwiderte: „Diese Schuhe kosten nichts, weil es ihre eigenen sind."

Du musst keine anderen Meinungen übernehmen, stattdessen gehe in Dich und höre auf Deine Intuition, die genau weiß, welcher Weg zu Dir passt und welcher nicht. Deine Intuition wird nie „abgetragen" sein, so dass Du sie wechseln musst.

Vielleicht wirst Du von Deinen Mitmenschen hören, dass es unmöglich ist, mit seinen bewusst gewählten und eingesetzten Gedanken und Gefühlen seine Wünsche zu erfüllen. Bla Bla Bla. Leeres Geschwätz. Wenn jemand selber etwas nie ausprobiert oder es versucht hat, aber nicht geschafft hat, klassifiziert er es nur allzu gern als unmöglich, unerreichbar und nicht realisierbar. Mit solch einer Lebenseinstellung hätte Edison nie die Glühbirne erfunden, so dass wir heute alle im Dunkeln sitzen würden. Einstein hätte nie die Relativitätstheorie entwickelt und Ford wäre nie einer der erfolgreichsten Unternehmer der Welt geworden. Auch diese Leute haben nur mit Wasser gekocht, auch für sie hatte der Tag nur 24 Stunden und auch sie mussten schlafen, essen und dieselbe Luft atmen wie alle anderen Menschen dieser Welt auch. Aber sie haben auf ihre Intuition, auf ihr Inneres gehört, nicht auf Stimmen von außen. Wenn unsere pessimistischen, zweifelnden und neunmalklugen Mitmenschen im Außen so klug wären, hätten sie selbst bereits bahnbrechende Lebenserfolge gehabt. Für mich persönlich sind solche Leute überhaupt nicht qualifiziert genug, anderen Menschen Ratschläge in Sachen Glück und Erfolg zu geben.

Schwarzseher, Miesepeter und „Trübsalbläser“ sind disharmonischer Ballast für optimistische Menschen, die grenzenlos denken und ihre Wünsche wahrmachen wollen. Niemand hält Dich davon ab, Dir das Umfeld zu schaffen, welches harmonisch für Dich ist. Mische Dich unter Leute, die genauso denken wie Du, Dir bei der Bewältigung Deiner Probleme helfen oder das von Dir anvisierte Ziel bereits erreicht haben. Ich persönlich bevorzuge immer eine Gesellschaft, in der ich so sein kann, wie ich bin, wo ich verstanden werde, denn dort fühle ich mich zu Hause. Solch eine Gesellschaft trägt automatisch zur Erhöhung meiner Lebensqualität bzw. meiner Schwingung bei. Wenn Du hoch und positiv schwingst, ziehst Du automatisch Menschen aus derselben hohen, positiven Schwingungsebene in Dein Leben. Schaffe Dir bewusst ein Netzwerk aus positiv denkenden Menschen.

„Nicht da ist man daheim, wo man seinen Wohnsitz hat, sondern da, wo man verstanden wird.“ (Christian Morgenstern)

Sei Du selbst Dein bester Freund
Du kannst das Wissen um das Gesetz der Anziehung als ein Privileg betrachten, als einen Denkvorsprung, Du kannst Dich als Vorläufer sehen. Nutze das Gesetz der Anziehung praktisch, während andere Menschen nur davon reden und philosophieren.

"Einen Vorsprung im Leben hat, wer da anpackt, wo die anderen erst einmal reden." (John F. Kennedy)

Es kommt letztendlich nur auf eine einzige, für Dich außerordentlich wichtige Person an, was sie von all dem hält. Und zwar die Person, die Dich bis an Dein Lebensende begleitet und Dir das Leben leicht oder schwer machen kann. Wer das ist? Rate mal. Es ist die Person im Spiegel, wenn Du vor einem stehst. Die Welt kann Dir alles Mögliche sagen, lasse Dich deswegen nicht beirren, das sollte Dich nicht im Geringsten interessieren. Es geht nur darum, den Menschen im Spiegel nicht zu betrügen, zu belügen und zu hintergehen. Denn wenn Du das tust, wirst Du nicht mehr glücklich sein, selbst wenn Dir die ganze Welt Anerkennung zollt.

„Liebe Dich selbst und alle Liebe von außen ist schönes Beiwerk, aber nicht etwas, wovon Du Dich abhängig machst. Liebst Du Dich nicht, wird Dich alle Liebe von außen auch nicht glücklich machen können." (Unbekannt)

Deine „Welt" bzw. die Menschen, mit denen Du ständig Kontakt hast, haben einen ungeheuren Einfluss auf Dein Unterbewusstsein. Durch Deine daraus entstehenden inneren Glaubenssätze und inneren Überzeugungen im Unterbewusstsein verändert sich Deine Schwingung und sorgt unter Umständen dafür, dass Deine Wünsche sich nicht erfüllen. Suche Dir deswegen gezielt immer die Gesellschaft aus, die Dich motiviert, begeistert, stärkt und stimuliert, Deine Wünsche noch schneller wahr zu machen. Das bedeutet nicht nur, dass Du Dir positiv eingestellte Menschen als Gesellschaft aussuchst, sondern vor allem mit Deiner ständigen Gesellschaft, nämlich mit DIR selbst, absolut ins Reine kommst. Damit bist Du Deinen Wunscherfüllungen schon sehr, sehr, sehr viel näher gekommen.

„Das Leben ist viel zu kostbar und zu kurz, um es in schlechter Gesellschaft zu verbringen." (Franz Kern)

Wie wichtig es ist, die nützlichen Dinge im Leben aufzunehmen, während man die schädlichen Dinge von sich fernhält, möchte ich mit der folgenden Geschichte verdeutlichen:

<u>Das Experiment</u>

Ein Lehrer führte seiner Klasse ein Experiment vor. Er füllte einen Blumentopf mit Tennisbällen und fragte seine Schüler: „Ist der Blumentopf voll?" Die Antwort war ein einstimmiges JA. Daraufhin schüttete der Lehrer Kieselsteine in den Blumentopf, die in die Leerräume zwischen den Tennisbällen rollten. Wieder fragte der Lehrer, ob der Blumentopf voll sei und die Studenten antworteten wieder mit einem JA. Als nächstes schüttete der Lehrer Sand in den

Topf, der die meisten restlichen verbliebenen Leerräume besetzte. Auf seine Frage, ob der Blumentopf nun voll ist, bejahten die Schüler wieder. Zu guter Letzt nahm der Lehrer zwei Flaschen Bier und schüttete den Inhalt in den Topf. Das Bier sickerte in die letzten Leerräume und der Blumentopf war nun vollkommen ausgefüllt und voll. JETZT passte wirklich absolut gar nichts mehr rein.

Die Schüler verstanden den Sinn des Experiments nicht, bis der Lehrer sagte: „Dieser Blumentopf stellt ihr Leben dar. Die Tennisbälle stehen für die absolut wichtigen Dinge in ihrem Leben: Ihre Familie, ihre Gesundheit, die Liebe zwischen ihnen und ihrem Partner, ihre persönliche Lebensfreude, eben all das, was das Leben immer noch lebenswert macht, auch wenn alles andere weg wäre.

Die Kieselsteine stellen Dinge dar wie ihr Heim, ihr Auto, ihre Arbeitsstelle, ihren Garten und dergleichen. Der Sand steht für belanglose Kleinigkeiten, die es eigentlich nicht mal wert sind, beachtet zu werden, so wie Fernsehen, im Internet surfen oder durch die Gegend zu telefonieren. Und nun kommt das Entscheidende:

Wenn sie zuerst den Sand in den Blumentopf schütten, haben sie keinen Platz mehr für die Tennisbälle und die Kieselsteine.

Übertragen auf das Leben bedeutet das, sich Prioritäten zu setzen. Befasse ich mich mit all den unwichtigen Kleinigkeiten im Leben und richte meine Aufmerksamkeit auf sie, gehen die wirklich wichtigen Dinge des Lebens an mir vorbei und ich lebe unbewusst. Oberste Priorität sollten also die wirklich wichtigen Dinge des Lebens haben: Mit den Kindern spielen, seinem Partner seine Liebe zeigen, die Eltern oder Kinder besuchen gehen, sich selbst glücklich machen, eben all das, was unsere Schwingung erhöht. DAS ist es, was uns wirklich mit Leben erfüllt. Das Haus aufräumen, den Wagen waschen, den Garten umgraben und den Keller entrümpeln – all das kann warten, denn diese Dinge sind nicht so wichtig. Die Kernaussage lautet: Sei Dir darüber bewusst, was wirklich im Leben zählt. Lebe bewusst!“

Die Schüler verstanden nun das Experiment, bis auf eine Sache: Was sollte das Bier darstellen? Der Lehrer antwortete mit einem Lächeln im Gesicht: „Auf diese Frage habe ich schon gewartet. Egal, wie sehr uns das Leben manchmal über den Kopf wächst, es hat immer noch Platz für ein bis zwei Bierchen."

Jeder bewusst denkende Mensch ist jedem unbewusst denkenden Menschen um mindestens 1000 Lichtjahre voraus. Der bewusst lebende Mensch kreiert sich sein Leben ziel- und selbstbewusst, indem er regelmäßig Gedankenhygiene betreibt, sich auf sein persönliches Glück fokussiert und mehr als weniger Herr seiner 60000 Gedanken pro Tag ist, während der unbewusst lebende Mensch ein Spielball seiner Gedanken und inneren Ängste ist, sich Tag für Tag negativen Einflüssen aussetzt und an den Zufall glaubt, statt an seine Schöpfermacht. Entweder glaube ich daran, dass der Zufall mein Leben bestimmt, den es laut Wissenschaftler gar nicht gibt, da wir in einem ordnungsmäßigen Kosmos (griechisch: Ordnung) leben, oder ich glaube daran, dass meine Gedanken und Gefühle mein Leben bestimmen. Beides geht nicht! Es geht ebenso wenig, wie an einer Kreuzung auf beiden Straßen fahren. Ich kann nicht halb tot und halb lebendig, nicht halb Stein und halb Baum sein.

Wer sich nicht scheut, die Verantwortung für sein Leben zu übernehmen, der übernimmt auch die Verantwortung über seine Gedanken, Gefühle, sein Umfeld, seine Beschäftigungen und seine Zukunft. Es ist von ungeheurer Bedeutung, was Du denkst, woran Du glaubst und wie Du die Welt siehst. Glück ist unser aller Element, so wie Wasser das Element der Fische ist. Ein Fisch kann auf dem Trockenen niemals glücklich sein, so dass auch Du niemals glücklich sein kannst, solange Du Dich mit disharmonischen Menschen, Dingen und Themen auseinandersetzt, ob körperlich oder geistig. Ausnahmslos ALLES, was Dich dazu bringt, negativ zu denken und dadurch eine negative Schwingung zu erzeugen, ist ein Grund dafür, dass Du ein unglückliches Leben führst. Willst Du das? Nein? Dann ändere es, denn nur DU kannst das für Dein Leben ändern. Schaffe Dir positive Glaubenssätze und Denkmuster, indem Du Dich als Erstes von allen disharmonischen Menschen, Aktivitäten und Themen fernhältst, und Dich als Zweites mit harmonischen Menschen, Aktivitäten und Themen befasst. Und mit der Zeit wirst Du merken, dass Du immer glücklicher bist, dass das Leben Dir immer leichter fällt, dass Du Deine Alltagspflichten locker und gelassen erledigst, dass Dir immer mehr freundliche und nette Menschen begegnen, dass sie Dir ihre Hilfe anbieten und dass das Leben wieder Spaß macht. Es passiert nicht von heute auf morgen, aber so, wie wenn Du einen bitteren Kaffee vor Dir hast und Zucker in ihn hineinschüttest, diese Dosis beständig erhöhst, bis der Kaffee süß ist und schmeckt, so wird auch Dein Leben durch die ständige Erhöhung der Dosis „positive Gedanken, positive Gefühle, positive Menschen, positive Beschäftigungen und positive Themen" immer süßer und schmackhafter. Der bittere Kaffee ist nach einer gewissen Zeit nicht mehr zu vergleichen mit dem süßen Kaffee. Ebenso wird das neue Leben nicht mit dem alten zu vergleichen sein, weil es etwas gänzlich Neues ist. Da wo Schatten war, ist dann Licht, da wo Unglück war, herrscht dann Glück!!!

<u>Checklisten:</u>
Was in Deinem Kopf ist, wird zu Deinem Leben, also halte ihn rein und sauber. Gewöhne Dir glücklich machende Gewohnheiten an und Du hast ein glückliches Leben.

11. ÜBEN, ÜBEN, ÜBEN

Wie ich in meinem ersten Band bereits ausführlich schrieb: „Übung macht den Meister!“ Je mehr Du an Deinen Wünschen arbeitest, desto leichter erreichst Du sie. Ich kenne niemanden, der alle seine Wünsche von heute auf morgen verwirklicht hat, also gib nicht auf, wenn es beim ersten Mal keine bahnbrechenden Erfolge zu verzeichnen gibt. So wie man nicht von heute auf morgen Autofahren lernen kann, kann man auch nicht an einem Tag seine Wünsche verwirklichen. Da ich Krafttraining betreibe, vergleiche ich meine positiven Glaubenssätze gerne mit Muskeln, ja, sie sind sozusagen meine Glücksmuskeln, die ebenso wie meine körperlichen Muskeln nur dann stark sind, wenn ich sie regelmäßig trainiere.

Um erfolgreich wünschen zu können, muss man seine Schwingung verbessern. Da unsere Schwingung von unseren Gedanken und Gefühlen erzeugt wird, und diese wiederum auf unseren inneren Überzeugungen und Glaubenssätzen aufbauen, geht es im Grunde darum, diese zu verändern bzw. uns selbst zu verändern. Verändere Dich selbst und Du tust Dir und der ganzen Welt durch Deine glückliche Schwingung einen unbezahlbaren Gefallen.

„Jeder Mensch hat die Chance, mindestens einen Teil der Welt zu verbessern, nämlich sich selbst.“ (Paul Anton de Lagarde)

„Wer nichts verändern will, wird auch das verlieren, was er bewahren möchte.“ (Gustav Heinemann)

Wenn ich über das Gesetz der Anziehung Bescheid weiß, weil ich ein Buch darüber gelesen oder einen Film zu diesem Thema angeschaut habe, dann ist dieses Wissen noch keine wahre Macht, es ist nur potenzielle Macht. Diese Macht kann erst dann mein Leben zum Guten verändern, wenn ich sie praktisch umsetze. Dieses geistige Kapital ist vollkommen nutzlos, wenn ich es nur theoretisch anwende. Du kreierst Deine Realität mit Deinen Gedanken, Gefühlen, Worten und Handlungen. Das Lesen eines Buches ist unzureichend, man muss schon was tun. Wie viel muss man tun? Je mehr, desto besser.

Jogge ich wöchentlich nur eine Stunde, fällt dementsprechend auch meine Kondition aus. Jogge ich hingegen täglich eine Stunde, erhöht sich meine Kondition. Bei mentalem Training ist es genau dasselbe Prinzip. Je öfter und je mehr Du fürs Fahren geübt hast in der Fahrschule, desto besser und leichter konntest Du es, je öfter und je mehr Du für eine Klausur in der Schule gelernt hast, desto besser und leichter ging es Dir von der Hand, und je öfter und mehr Du etwas für Deine Wünsche tust, desto besser und leichter gehen sie in Erfüllung. Regelmäßiges Tun und Wirken belohnen sich selbst. Wenn Du den Führerschein nicht bestanden hast und die Klausur mit der Note „Mangelhaft“ oder „Ungenügend“ zurück bekamst, dann lag das mit Sicherheit daran, dass Du nicht genug dafür getan hast. Dasselbe gilt selbstverständlich auch für Deine Wünsche. Denke immer daran: Steter Tropfen höhlt den Stein. Selbst ein harter Stein beugt sich den Wassertropfen, wenn sie entschlossen und ausdauernd bleiben. Oberste Priorität sollten immer Deine Herzensangelegenheiten haben, sie sollten den Großteil Deiner Aufmerksamkeit erhalten. Du kannst nicht etwas erhalten, wenn Du dafür NICHTS tust. Wenn Du NICHTS tust, erhältst Du logischer Weise auch NICHTS zurück. Entscheidest Du Dich für eine Option (etwas zu tun), entscheidest Du Dich damit automatisch gegen eine andere Möglichkeit (nichts zu tun). Alles hängt von Deinen Prioritäten ab. Meine Devise lautet: Wenn Du etwas willst, dann tu etwas dafür, anstatt stunden- und tagelang darüber zu sinnieren und zu reden. Wenn ich vom 5-Meter-Brett ins Schwimmbecken springen will, dann gehe ich nicht erst aufs Brett und erstarre zur Salzsäule, sondern tue das, was ich mir vorgenommen habe und führe damit zu Ende, was ich begonnen habe. Immer wenn es darum geht, eine eigenständige, schwere, unangenehme Entscheidung zu treffen und kein Blatt im Wind zu sein, sind die folgenden 15 Sekunden ausschlaggebend, weil der Mensch laut Verhaltensforscher diese Zeitspanne benötigt, um sich zu überwinden.

Um sich innerhalb dieser Zeitspanne nicht dazu zu entscheiden, gar keine Entscheidung zu treffen, sage ich mir gedanklich 14 Mal „Ich tu es jetzt oder ich tue es niemals“. Beim 15. Mal rufe ich mit energischer Stimme laut und entschlossen „ICH TUE ES JETZT!!!“

Durch diese Übung überwindet man das anfängliche Zögern und die inneren Hemmschwellen.

„Überwinde Dich selbst, dann ist die Welt überwunden." (Marcus Aurelius)

Was würde wohl mit Deinem Körper passieren, wenn Du ihn nie forderst, ihn nie trainierst, nie bewegst und nie beanspruchst? Er würde träge werden, abschlaffen und kraftlos sein. Ja glaubst Du denn, mit Deinem Geist ist es anders??? Es ist genau dasselbe, es gilt dasselbe Prinzip!!! Wenn Du ihn nur für Deinen Job und Deine Alltagspflichten einsetzt, ihn nicht trainierst und ihn stattdessen nur von der Flimmerkiste berieseln lässt, dann wird er nach und nach völlig nutzlos, schwach und zerstreut. Beweg Deine Gedanken, setz Deine Gefühle ein, intensiviere Deine Phantasie, stärke Deine Willenskraft. Wer braucht bitte schön einen Fernseher, um Filme zu sehen? Erstelle Dir Deinen Lebensfilm vor Deinem geistigen Auge.

„Der Geist ist denselben Gesetz unterworfen wie der Körper: Beide können sich nur durch beständige Nahrung erhalten." (Vauvenargues)

„So wie das Eisen außer Gebrauch rostet und das still stehende Wasser verdirbt oder bei Kälte gefriert, so verkommt der Geist ohne Übung." (Leonardo da Vinci)

Lasse Deinen Geist nicht länger auf Autopilot laufen, sondern setze ihn bewusst und schöpferisch ein, indem Du Dir Dein eigenes Leben erschaffst, neue Ideen produzierst und dabei Glücksgefühle verspürst!!! Das Leben bedeutet Erfahrungen *machen*, nicht darüber *reden*, sie analysieren und alles auseinander pflücken.

"Erfolg hat drei Buchstaben: TUN!" (Goethe)

Tja, so sieht's aus, lieber Leser. „Tun oder nicht tun, das ist hier die Frage". Wenn ich als Baby etwas haben wollte, habe ich so wie alle Babys der Welt einfach geschrien und schon war meine Mutter zur

Stelle, um mir meine Wünsche zu erfüllen. Diese Zeiten sind aber schon lange vorbei und ich lernte mit der Zeit, selbst etwas zu tun, selber aktiv zu werden. Wollte ich eine gute Klausur schreiben oder ein nettes Mädchen kennenlernen, musste ich das selbst tun. Meine Mutter tat es jedenfalls nicht für mich. Nichts geschah, bevor ICH nicht etwas unternahm. Mit dem Lebensglück ist es ebenso. Wünsche ich mir ein glückliches Leben, dann liegt es nur an MIR, diesen Wunsch wahr zu machen. Warte nicht auf Hilfe von außen, hole sie Dir von innen.

Nur Du kannst aus Deinem Leben etwas machen, niemand kann Dir dieses Privileg aus der Hand nehmen. Nur DU hast die entsprechende Macht dazu. Wenn mich hin und wieder das Gefühl der Machtlosigkeit streift, tue ich Dinge, die mir das Gefühl geben, dass ich Macht habe. Macht im Sinne von Entscheidungskompetenz über mein eigenes Leben, mein Verhalten, mein Denken. Wie sieht so was konkret aus? Ich schalte den Fernseher mitten während eines interessanten Films aus, weil ich mich willentlich dazu entschieden habe. Ich unterbreche mein angenehmes, entspanntes Bad, melde mich für die nächsten zwei Tage nicht am Telefon, surfe die nächsten zwei Wochen nicht mehr im Internet herum und lasse mir eine Frisur verpassen, die ich vorher noch nie hatte. Warum das alles? Weil ich es kann, weil ich mich dazu entschließe, weil ich die Macht dazu habe, mein Leben zu steuern und mich sogar gegen mich selbst zu entscheiden. Das zeigt mir, dass ich nicht machtlos bin, dass ich sehr wohl Macht habe und mein Leben willentlich beeinflussen kann. Das nennt man SELBST – BESTIMMUNG!!! Hat sich was mit Fremdbestimmung! Nicht die Umstände bestimmen über mein Leben, ooooh nein, ICH bestimme, wo es lang geht, ICH entscheide, was in meinem Leben passiert, ICH habe das alleinige Kommando, ICH lasse die Puppen tanzen, ICH bin der „Big Boss“ in meiner Realität, ICH und sonst niemand!!! Nur ICH habe die Macht über mein Leben und Du über Dein Leben, lieber Leser, das ist eine unumstößliche Tatsache!!!

„Nicht der Wind, sondern das Segel bestimmt die Richtung.“ (Sprichwort aus China)

Nach jedem selbstdisziplinarischen Erfolg belohne ich mich mit etwas, was mir große Freude bereitet. In mein Dankbarkeitsbuch (Näheres im Kapitel „Meine Energie-Verstärker") schreibe ich jede Belohnung auf, die ich mir selbst gegeben habe. Das motiviert ungemein.

Hat ein Mensch keine Ausdauer, hat er auch keine Aussicht auf die Erfüllung seiner Wünsche. So einfach ist das. Kaum etwas ist mit einem einzigen Schritt erledigt, meist sind mehrere Schritte erforderlich. Hat man aber die ersten paar Schritte gemacht, geht alles wie von alleine. Was ist für Dich die selbstverständlichste Sache der Welt? Dass Du lesen, sprechen und gehen kannst? Es gab Zeiten, da konntest Du das alles nicht. Aber durch Deine Ausdauer, es zu erlernen, kannst Du es heute mühelos.

Wenn ich meine große Rasenfläche mähe, dann habe ich immer das Endresultat vor meinem inneren Auge. Ich visualisiere nicht den Weg zum Ziel, sondern das Bild des erfolgreichen Endziels. Dieses Bild gibt mir die Bereitschaft, loszulegen und Spaß während des Rasenmähens zu haben. Ich brauche nicht alles zu überblicken, nein, ich fange einfach an, genieße es und erfreue mich an meinem geistigen Bild sowie an jedem einzelnen Schritt, den ich während dieser Aktivität mache. Sollte es zu Hindernissen, Problemen und Rückschlägen kommen, macht das gar nichts, da diese erfahrungsgemäß immer nur vorübergehender Natur sind. Fängt es an stark zu regnen, unterbreche ich meine Aktivität und tanke neue Kräfte bei einer heißen Tasse Tee. Der Rückschlag ist nicht mehr und nicht weniger als eine kurzweilige Unterbrechung, eine Raststätte auf dem Weg zum Glück, bei der man sich sammelt, also kein wirkliches Problem. Während dieser Ruhepause kann ich mir noch einmal einen Gesamtüberblick über die Situation verschaffen und dabei kommen mir vielleicht neue Einfälle, wie ich mein Ziel noch leichter erreiche. Nachdem es aufgehört hat zu regnen, setzte ich meine Arbeit mit noch größerem Antrieb unbeirrt und mit neu getankter Energie fort. Auf diese Weise werde ich unweigerlich mein Ziel verwirklichen. Schritt für Schritt für Schritt – mehr ist nicht dabei.

Niemand ist über Nacht Anwalt, Arzt, Architekt, Autofahrer, Sänger, Tänzer, Handwerker oder sonst irgendetwas geworden. Es ist immer nur eine Frage der Zeit und der Ausdauer, bis Deine Wünsche wahr werden. Du musst bis dahin nur durchhalten. Wer Ausdauer hat, für den ist nichts unmöglich. Das große Geheimnis aller Erfolgreichen ist deren Ausdauer, ein anderes Geheimnis gibt es nicht.
„Ich will euch mein Erfolgsrezept verraten: Meine ganze Kraft ist nichts als Ausdauer." (Louis Pasteur)

„Erfolg ist die Frucht der Ausdauer." (Sprichwort)

Edison brauchte bei seinen Forschungen Jahre, bis er endlich die Glühbirne erfand. An die 10.000 Versuche brauchte er, um endlich erfolgreich zu sein. Nach den 9999 erfolglosen Versuchen hätte so manch einer schon lange das Handtuch geschmissen, aber Edison glaubte an seine Vision, war deswegen sehr ausdauernd und formulierte es sinngemäß so: „Wir kennen jetzt 9999 Wege, wie es nicht funktioniert, also bleiben nicht mehr viele Wege übrig." Was für eine bewundernswerte Lebenseinstellung. Er stellte sich keine „Deadline", sondern hätte es bis zu seinem Tod weiter versucht.

Solltest Du also bereits des Öfteren einen Wunsch abgeschickt haben, der sich nicht erfüllt hat, dann denke an Edison und mache keine „Staatsaffäre" daraus. Wenn es 100 Mal nicht funktioniert hat, dann probiere es 101 Mal, und wenn es dann immer noch nicht geklappt hat, dann machst Du es wieder und wieder und wieder. Halte Dir vor Augen: Wenn es mal nicht klappt, dann bedeutet es lediglich, dass es auf diese Art und Weise nicht klappt, es bedeutet deshalb noch lange nicht, dass es gar nicht klappt. Wenn Du in der Schule einen Test nicht bestanden hast, hast Du doch auch nicht den Kopf in den Sand gesteckt, sondern weiter gelernt. Bleib dran, lasse Dich nicht aus der Fassung bringen. Wenn man etwas anfangt, dann bringt man es auch zu Ende. Das ist das Geheimnis aller erfolgreichen Menschen und genau das ist es, was erfolglose Menschen immer wieder versäumen. Jeglicher Erfolg besteht aus zwei Teilen, nämlich dem Beginnen und dem Vollenden. Erst wenn man beides konsequent ausführt, bilden sie das große Ganze. Wenn

Du auf halbem Wege aufhörst, wirst Du niemals wissen, ob es funktioniert.

„Beginnen können ist Stärke. Vollenden können ist Kraft.“ (Laotse)

"Die Kunst ist einmal mehr aufzustehen, als man umgeworfen wird." (Winston Churchill)

„Nicht das Beginnen wird belohnt, sondern einzig und allein das Durchhalten.“ (Katharina von Siena)

„Tue nie etwas halb, sonst verlierst Du mehr, als Du je wieder einholen kannst.“ (Louis Armstrong)

Den Erfolg in allem was es gibt, bringt nur Übung, Übung und nochmals Übung. Etwas gut beherrschen bedeutet etwas intuitiv beherrschen. Musst Du noch nachdenken, wenn Du Auto fährst? Muss ein Kampfsportler sich noch Gedanken darüber machen, wie welcher Griff anzuwenden ist, nachdem er ihn 1000 Mal geübt hat und ihm diese Kenntnisse in Fleisch und Blut übergegangen sind? Muss ein Tänzer noch darüber grübeln, wie man tanzt, wenn er es wirklich beherrscht? Die Antwort auf alle drei Fragen lautet NEIN! Das intuitive Wissen ist auf Abruf bereit. Diesen Zustand des intuitiven Wissens erreicht man nur durch ständiges und ausdauerndes Üben.

Jeden Tag ziehen wir uns um. Für jeden Anlass eine bestimmte Garderobe. Ebenso wie wir auf unsere äußere Kleidung achten, sollten wir auch auf unsere innere Gefühls- und Gedankenkleidung achten. Es gibt verschiedene Kleidungsstücke, die uns immer gut tun: Optimismus, Glück, Zielstrebigkeit, Liebe und viele, viele mehr. Als kleinen Überblick benenne ich an dieser Stelle in aller Kürze die von mir sehr geschätzten, wichtigsten Lebensprinzipien aus der HUNA-Lehre (schamanistisch geprägte Naturreligion Hawaiis), die sich alle hervorragend dazu eignen, eine positive Grundschwingung in sich zu erzeugen. Und hast Du erst einmal die entsprechende Schwingung, hast Du optimale Voraussetzungen, um alle Deine Wünsche zu erfüllen.

Die Welt ist das, wofür Du sie hältst.

Es gibt keinerlei Grenzen.

Energie folgt der Aufmerksamkeit.

JETZT ist der Augenblick der Macht.

Liebe bedeutet glücklich sein im Jetzt.

Alle Macht kommt nur von innen.

Wirksamkeit ist das einzige Maß der Wahrheit

Checkliste:
Führe ein aktives Leben. Von nichts kommt nichts. Beginne nichts, was Du nicht zu Ende führst. Man kann nicht halb glücklich sein.

13. Meine Energie – Verstärker

Alles, was Du in den bisherigen Kapiteln gelesen hast, war dafür da, um Dich auf die 100 Energie-Verstärker vorzubereiten: Innere Ruhe bewahren, seine Willenskraft einsetzen, Selbstvertrauen aufbauen, seinen Glauben entwickeln, darauf achten, womit man seinen Geist füttert, ausdauernd sein, Affirmationen in Kombination mit Imaginationen und Visualisierungen anwenden. Alle diese Kapitel hatten die Aufgabe, Dich darüber zu in–FORM–ieren (in Form zu bringen), was wichtig und unwichtig ist bezüglich erfolgreichem Wünschen, so dass Du nun mit der dazu bestmöglichen mentalen Einstellung zu Werke gehen kannst. Es sollte in Dir auch einen gewissen Bedarf wecken, Deine Prioritäten neu zu ordnen. Dabei soll Dein Glück an die vorderste Stelle rücken.

Manche der Energie-Verstärker, welche ich alle selbst ausprobiert habe, wirst Du womöglich schon kennen (z. B. aus meinem ersten Buch), andere wiederum noch nicht. Die Aufgabe dieser Energie-Verstärker besteht darin, Dein Wunschbild vor Deinem inneren Auge so real und bildlich wie möglich zu erschaffen, Deine Schwingung zu erhöhen, Dein Vertrauen in Deine Fähigkeiten zu stärken und zu optimieren, und neue, hilfreiche Glaubenssätze zu installieren. Entscheidend bei jedem Wunsch ist immer das GEFÜHL. Da viele Menschen ihre Wünsche zwar genauestens formulieren und denken können, aber nur ein schwaches Gefühl der Freude entwickeln können, sollte jedes Hilfsmittel genutzt werden, um das Gefühl und die Phantasie zu intensivieren. Je besser man sich seinen erfüllten Wunsch vorstellen kann, desto mehr Freude entsteht. **Alle Übungen sind immer nur in dem Maße wirkungsvoll, wie Deine inneren Überzeugungen und Dein Glaube es zulassen.** Bei häufiger und regelmäßiger Anwendung bewirken die vorgestellten Energie-Verstärker eine Bewusstseinsveränderung. Veränderst Du Dein Bewusstsein, also Dein Inneres, veränderst Du auch Dein Äußeres, also Dein Leben. Die Methoden sind nicht besonders zeitaufwendig und Du profitierst langfristig, vorausgesetzt Du machst sie diszipliniert, regelmäßig und beständig. Wenn Dir wirklich, wirklich, wirklich bewusst ist, dass Deine Gedanken Dein Leben erschaffen, dann wirst Du einige Methoden aus diesem Buch noch heute mit Spaß und Genuss ausprobieren und einen wunderschönen Tag erleben. Solche Anwendungen, die Deine Vorstellungskraft beflügeln, sind keine belanglosen Spielereien, sondern sie sind etwas unglaublich Wichtiges, etwas Greifbares, etwas Konkretes. Sie haben einen sehr starken Einfluss auf Dein Leben, denn sie lenken Deine Gedanken, Deine Gefühle, Deine Aufmerksamkeit, Deine Schwingung, Deine Energie, Deinen Fokus auf all das, was Dich glücklich macht. Und auch auf die Gefahr hin, dass ich mich wiederhole, aber was kann es Wichtigeres geben, als das eigene Lebensglück???

Es geht auf den folgenden Seiten unter Anderem auch darum, den persönlichen Alltag (Autofahren, duschen, essen und trinken usw.) mit Methoden zur Wunscherfüllung zu verbinden. Das geht nicht?

Und wie das geht, lieber Leser. Es ist herrlich einfach und simpel. Ich praktiziere das bereits seit mehreren Jahren und kann Dir versichern, dass es wahre Wunder bewirkt. Es herrscht überhaupt kein Zeitdruck oder Stress, nein, im Gegenteil, es ist alles ganz locker und leicht. Okay, lange Rede, kurzer Sinn: Ich werde Dir nun auf den folgenden Seiten 100 Energie-Verstärker vorstellen, die sich alle ganz bequem umsetzen lassen. Stell Dir einfach vor, Du bist ein Schüler, der den ganzen Tag lang lernt, wie man seine Gedanken und Gefühle auf die Erfüllung seiner Wünsche richtet, und Dein Lehrer ist Dein Alltag.

Übrigens: Die Wirkung des Gesetzes der Anziehung wurde mir wieder einmal bewusst, als ich mir meine ersten Energie-Verstärker ausdachte. Denn nachdem ich diese mit Erfolg benutzt und mich gedanklich mit ihnen beschäftigt hatte, strömten mir plötzlich unentwegt neue Ideen und Hinweise zu, aus denen ich weitere, effektive Methoden machen konnte. Mir kam es fast so vor, als ob man aus allem einen Energie-Verstärker machen konnte. Bei mir wurden sie schon nach 30 Tagen regelmäßiger Anwendung zur absoluten Normalität, sie gingen mir in Fleisch und Blut über. Und das können sie bei Dir auch. Dazu musst Du sie aber erst einmal kennen.

Also dann, legen wir los, damit es in uns richtig schwingt:

DIE WECKDIENST - Methode

Du solltest Dir bereits am Anfang des Tages die Voraussetzungen schaffen, um eine hohe, positive Schwingung zu erreichen. Aus diesem Grund benutze ich keinen Wecker, um morgens aufgeweckt zu werden. Diese Aufgabe übernimmt mein PC, der mich mit verschiedenen Videos zum Thema „Gesetz der Anziehung" weckt. Anstatt das Radio einzuschalten, wo man mir wahrscheinlich Nachrichten über Mord und Totschlag serviert, werde ich gleich zu Tagesbeginn daran erinnert, wie das Leben funktioniert, welch fantastische Möglichkeiten sich mir bieten und was ich alles zu schaffen imstande bin. Dieses ständige Erinnern sorgt dafür, dass ich gleich am Anfang des Tages in die richtige Schwingung komme und mit meinen Gedanken und Gefühlen bewusst umgehe.

DER GUTEN MORGEN - BRIEF

Meine Lebenspartnerin und ich schreiben uns abends, kurz vor dem Schlafengehen, einen liebevollen Brief. Darin gehen wir auf alle Eigenschaften, Wesensmerkmale und Seiten unseres Partners ein, die uns erfreuen und glücklich machen. Wenn ich morgens aufwache und den Brief meiner Lebenspartnerin an mich lese, weiß ich sofort, dass ich geliebt und respektiert werde. Meine erste Schwingung des Tages ist die der Liebe, der Freude und des Glücks, welche noch mehr Glück anzieht, so dass die Wahrscheinlichkeit sich erhöht, dass der ganze Tag glücklich verläuft und ich erfolgreicher wünschen kann. Man gibt den positiven Gedanken schon am Tagesbeginn eine Chance, so dass man einen positiven Tag erntet. Übrigens ist es wissenschaftlich erwiesen, dass man sich jeden Morgen nur auf ein paar positive und freundliche Gesichter konzentrieren muss, um Negatives komplett auszublenden. Testpersonen produzierten durch diese Methode bereits nach einer Woche deutlich weniger das Stresshormon Kortisol.

DIE DUSCH - Methode

Da ich mich täglich dusche, habe ich mir überlegt, wie sich dieser Vorgang mit der Erhöhung meiner Grundschwingung kombinieren lässt. Erst dachte ich daran mir vorzustellen, dass der abgewaschene Schmutz für negative Lebensumstände steht, die ich loswerde. Aber das würde bedeuten, dass ich meinen negativen Lebensumständen Aufmerksamkeit schenken und sie damit stärken würde. Also stelle ich mir heute bei jedem Duschen vor, dass jeder einzelne Wasserstrahl, der mich trifft, mir Glück, Freude und Erfolg in allen Lebensbereichen gibt. Seitdem freue ich mich auf jedes Duschen und meine Grundschwingung steigt bereits beim bloßen Gedanken an das Duschen.

DIE TÜRSCHILD - Methode

Damit jeder Tag ein erfolgreicher Tag des Glücks und der Freude wird, habe ich mir ein Schild anfertigen lassen, welches ich innen an meine Haustür befestigt habe. Auf diesem Schild steht: „Sobald Du durch diese Tür trittst, bist Du mit Glück aufgeladen und ziehst nur noch glückliche Umstände an:“ Ich gehe mehrmals täglich durch die in Rede stehende Tür, dabei werfe ich immer einen Blick auf das Türschild und verinnerliche mir, dass mir an diesem Tag und von dem Augenblick an, sobald ich durch diese Tür gehe, etwas Glückliches widerfahren wird.

DIE ESSEN / TRINKEN - Methode

Wenn ich esse und trinke, stelle ich mir vor, dass ich Geld, Gesundheit, Freude usw. zu mir nehme. Jeder Bissen ist eine Einheit Geld, jeder Schluck eine Einheit Gesundheit. Der Phantasie sind hierbei keine Grenzen gesetzt. Auf manchen Tassen habe ich Wasser resistente Aufkleber angebracht, auf denen „Gesundheit", „finanzieller Reichtum", „glückliche Partnerschaft" und Ähnliches steht. Damit verstärke ich meine Vorstellungskraft und das Imaginieren fällt mir leichter. Morgens trinke ich immer eine Tasse Milch, auf der ein Aufkleber mit dem Wort „Gesundheit" angebracht ist. Da ich das bereits seit längerer Zeit praktiziere, ist es mittlerweile so, dass ich bei jedem Schluck Milch automatisch an meine Gesundheit denke (woran Du denkst, das ziehst Du an). Egal wo ich Milch trinke oder auch nur sehe, schon füttere ich meine Gesundheit mit meiner Aufmerksamkeit, und somit mit (Gedanken-) Energie. Für jeden Wunsch habe ich ein bestimmtes Getränk, welches ich täglich einmal oder mehrmals trinke. Mir persönlich würde es schwer fallen, ein Bier zu trinken (bin sowieso Nichtalkoholiker) und es mit Gesundheit gleich zu setzen, also habe ich Milch für meine Gesundheit ausgewählt, Tee für finanziellen Reichtum, stilles Quellwasser für geistiges Wachstum und frisch gepressten Orangensaft für eine glückliche Partnerschaft. Alles Getränke, die ich täglich zu mir nehme.

DIE EISWÜRFEL - Methode

Eine weiterentwickelte Methode der „Essen- / Trinken-Methode" ist die sogenannte „Eiswürfel-Methode". Ich hatte einen Wunsch nach einem bestimmten Wagen. Um mir selbst das Gefühl zu geben, dass mein Wunsch in Erfüllung geht, kaufte ich mir verschiedene Eiswürfel-Behälter. Alle hatten eine bestimmte Form und einer davon hatte die Form eines Autos. Ich machte mir einen frisch gepressten Orangensaft und nahm den Eiswürfel aus seinem Behälter, der nun die Form eines Autos hatte. Ich verinnerlichte mir vor meinem geistigen Auge, dass es sich bei dem Eiswürfel um mein Wunschauto handelt. Dann ließ ich ihn in mein Glas mit dem Orangensaft fallen und wartete, bis er sich auflöste. Danach trank ich das Glas leer und war überzeugt davon, dass das Auto nun ein Teil von mir ist, dass wir eins sind und dass es mir gehört. Ich schaffte es mit dieser Methode meinem Unterbewusstsein klar zu machen, dass es eine absolute Selbstverständlichkeit ist, dass das Auto bereits meins war, und dass es nicht erst irgendwann in der Zukunft einmal soweit sein würde.

DIE FENSTERBILD - Methode

Auch diese Methode benutze ich für mein Wunschauto. Der Mensch erhält das, was er denkt und fühlt. Es ist also wichtig, dass ich so oft wie möglich an mein Wunschauto denke. Um immer wieder daran erinnert zu werden, habe ich mir ein Fensterbild mit meinem Wunschobjekt hergestellt. Das Material dafür (Fenstermalfarbe) ist in der Bastelabteilung zu erwerben. Jeden Morgen, wenn ich das Fenster öffne, fällt mein Blick auf meinen Wunschwagen und meine Gedanken fangen an zu arbeiten. Kaum formen meine Gedanken in meinem Kopf das Bild, in dem ich in meinem Wunschauto sitze, kommen Gefühle der Freude auf. Bei jedem Blick zum Fenster wandert meine Aufmerksamkeitsenergie zu meinem Wunsch und lädt ihn so lange auf, bis er in Erfüllung geht. Man kann Fensterbilder auch an allen Spiegeln daheim anbringen.

DIE HYPNOSE - Methode

Hypnose ist die perfekte Methode, um ungehindert mit dem Unterbewusstsein zu kommunizieren. Dazu brauchst Du zunächst einmal einen Hypnotiseur, dem Du vertraust. Ich selbst habe einen guten Freund, der Hypnotiseur ist, und der mich bereits mehrmals hypnotisiert hat, um schädliche Glaubenssätze in mir aufzulösen. Nach mehreren Hypnosesitzungen habe ich alte, schädliche Gewohnheiten abgelegt und war beim Wünschen wesentlich erfolgreicher. Wem eine Hypnosesitzung zu kostspielig ist, kann sich auch Hypnose-CDs eigens für seine Zwecke bestellen.

DIE SELBSTHYPNOSE - Methode

Auch Selbsthypnose ist möglich und nach ein wenig Übung kann sie jeder anwenden. Setz Dich an einen ungestörten und bequemen Platz. Schließe die Augen und visualisiere einen schönen, blauen Himmel mit einigen Vögeln, die umherfliegen. Stelle Dir vor, dass einer der Vögel Deine gesamten Alltagsprobleme mit sich nimmt und davonfliegt. Dann gehe mit Deinem Bewusstsein in die Finger der rechten Hand und spüre sie etwa 1 Minute lang. Dasselbe machst Du mit der linken Hand. Atme 5 x tief ein und lasse Deine Atmung dabei langsamer und ruhiger werden. Mit jedem Ausatmen wirst Du entspannter. Dann kannst Du Deinen Wunsch „denken". Wiederhole Deinen Wunschgedanken 5 x und visualisiere, wie Du mit jedem Einatmen Deinem Wunsch Energie zum Manifestieren gibst. Danach bleibe noch etwa 10 Minuten in der entspannenden Ruhe.

DIE AMPEL - Methode

Jeder kennt das Gefühl, dass es im Leben mal nicht weiter geht. Das sind die Momente, die uns unsicher werden lassen oder uns sogar in Verzweiflung und Angst stürzen. Ein effektiver Energie-Verstärker, seinem Unterbewusstsein zu suggerieren, dass Zeiten der Stagnation kein Grund dafür sind, den Glauben an sich zu verlieren, ist die sogenannte Ampel-Methode. Wenn Du mit dem Auto oder sonst wie unterwegs bist, kommt es aufgrund von Ampeln (oder auch Zebrastreifen, Stopp-Schildern usw.) immer wieder dazu, dass man seinem Weg für eine gewisse Zeit nicht weiter folgen kann und warten muss. In solchen Momenten ist es ideal, dies gedanklich und emotional auf das Leben und seinen Weg zum persönlichen Glück zu übertragen. Kommt es im Leben zu einem Rückschlag, zu Stagnation oder zu unerwarteten Schwierigkeiten, so bleibe innerlich ruhig und gelassen und vertraue fest darauf, dass es bald wieder aufwärts bzw. vorwärts geht. So, wie die Ampel bald wieder auf „Grün" schaltet, so ist es auch im Leben. Die Bahn wird frei, man kann sich nach einer bestimmten Zeit, in der man die erforderliche Pause hatte, neu sammeln und mit neuem Antrieb Richtung Ziel bewegen. Eine rote Ampel, die für unerwünschte Lebensumstände steht, ist also kein Weltuntergang und auch kein Grund, wütend oder verärgert zu sein. Da fast jeder Mensch täglich öfters wegen einer roten Ampel oder anderer „Hindernisse" seinen Weg zu einem bestimmten Ziel unterbrechen muss, kurz danach seinen gewünschten Weg aber weiter fortsetzt, erfolgt die Wirkung auf das Unterbewusstsein zwar in kleiner Dosis, aber dafür regelmäßig und beständig. Bei einer roten Ampel kann man sich gedanklich sagen „Ich gehe meinen Weg. Es mag zu kleinen Hindernissen kommen, aber ich bin unaufhaltsam. Es dauert nicht mehr lange und es geht wieder vorwärts.“ Jede Ampel und sonstige Hindernisse erinnern uns daran, dass alles gut wird und wir unserer Macht vertrauen können. Dein Lebensglück hat immer Vorfahrt!!!

DIE UMKEHRUNGS - Methode

Wir alle haben in unserem Leben schon einmal unangenehme Situationen erlebt. Dadurch können innere Widerstände entstehen, die unsere Wunschmanifestationen blockieren. Es ist also überaus wichtig, diese alten Blockaden aufzulösen. Ich erinnere mich dabei so gut es geht an eine frühere, unangenehme Lebenssituation, bei der ich mich schlecht gefühlt habe. Solche Momente sind ideale Gelegenheiten, um innezuhalten und sich darüber bewusst zu werden, was man NICHT will. Sobald man das weiß, was man nicht will, ist es ein Leichtes herauszubekommen, was man stattdessen wirklich will. Will ich beispielsweise kein Single sein, dann weiß ich, dass ich mir eine Partnerschaft wünsche. Und wenn ich an etwas denke, was ich mir wünsche, erhöht dies sofort meine Schwingung. So gesehen ist es nicht schlimm, wenn wir uns schlecht fühlen, denn dann können wir diesen „schlechten“ Gedanken sofort umkehren, indem wir an das denken, was wir stattdessen wollen und schon schwingen wir positiv. Ich habe ein kleines Notizbuch, in dem ich immer dann, wenn ich ein negatives Gefühl habe, in mich gehe und dann notiere, was ich stattdessen will (Kontrast schafft Klarheit).

DIE ZEITLINIEN - Methode

Diese Methode eignet sich gut für bevorstehende Geschäftstreffen, Prüfungen oder Ähnliches, für deren Ausgang man sich das gewünschte Ergebnis visualisiert. Nehmen wir das Beispiel „Prüfung“: Dazu brauchst Du drei Blätter. Auf Blatt 1 schreibst Du ein freudiges und glückliches Ereignis aus Deiner Vergangenheit auf, in der Du bereits eine Prüfung erfolgreich bestanden hast. Auf Blatt 2, welches die Gegenwart darstellt, schreibst Du „Prüfung“ und auf Blatt 3, welches die Zukunft repräsentiert, schreibst Du „Meine gewünschte Zukunft“. Die Blätter legst Du in genau dieser Reihenfolge vor Dich hin, so dass sie eine Art Lebensweg darstellen, und stellst Dich selbst vor Blatt Nr. 1. Schließe dann Deine Augen und erinnere Dich mit all Deinen Sinnen an das freudige Erlebnis aus Deiner Vergangenheit, in der Du eine Prüfung erfolgreich gemeistert hast, bis dieses Gefühl des Erfolges und der Freude Dich von Kopf bis Fuß durchströmt. Öffne danach Deine Augen und gehe mit dieser intensiven Freude auf das Blatt „Prüfung“. Dabei schaffe ein geistiges Bild der Prüfung in Deinem Kopf. Je detailreicher Deine Vorstellung, desto besser. Tauch ganz ein in diese Vorstellung und verbinde sie mit dem positiven Gefühl, welches Du von Blatt 1 mitgenommen hast. Vermische die Vorstellung der Prüfung mit dem Gefühl der Freude und des Erfolges, welches Du bezüglich der schon lange bestandenen Prüfung in Deiner Vergangenheit in Dir hast. Verinnerliche das Gefühl der Freude, der Zufriedenheit und des Glücks, während Du in Deiner Phantasie die Prüfung absolvierst. Damit gibst Du Deinem Unterbewusstsein zu verstehen, dass Du Dich nach der Prüfung glücklich fühlst, weil sie genau so verlaufen ist, wie jene in der Vergangenheit: Absolut erfolgreich. Als nächstes gehst Du auf das Blatt „Meine gewünschte Zukunft“, vergegenwärtigst Dir das tiefe Gefühl der Zufriedenheit und lässt Deinen Wunsch los. Gleichzeitig fühlst Du Dich leichter und entspannter, weil Du weißt, dass Dein Unterbewusstsein nun weiß, wie es Deine Zukunft bezüglich der kommenden Prüfung zu gestalten hat.

DIE FEUER - Methode (13)

Ganz egal welche Meinungen, Überzeugungen, Glaubenssätze, Ideen, Gedanken, Theorien, Dogmen und Vorstellungen sich in Deine Psyche einbrennen, sie alle werden sich früher oder später in Deinem Leben manifestieren. Alles Gedachte und Gefühlte, alles woran Du glaubst, verwirklicht sich und begegnet Dir als ein Lebensumstand. Darum ist es sehr wichtig, seine Glaubenssätze durchzusehen und die negativen auszusortieren, und zugleich positive zu installieren. Dazu habe ich für mich folgende Methode entwickelt: Ich schreibe alle meine negativen Überzeugungen auf ein Blatt Papier. Das kann alles Mögliche sein: Von der Überzeugung, ich sei nicht attraktiv genug, ich sei untalentiert oder ein Opfer der Umstände. Nachdem ich alles aufgeschrieben habe, lege ich das Blatt demonstrativ in eine feuerfeste Schale. Als nächstes nehme ich ein Feuerzeug in die Hand und verbrenne das Blatt. Meinem Unterbewusstsein suggeriere ich damit, dass meine alten Glaubenssätze für immer und ewig weg sind. Meine neuen Überzeugungen, die exakten Gegenstücke meiner verbrannten Überzeugungen, schreibe ich danach ebenso auf ein Blatt Papier auf, welches einen Stammplatz auf der feuerfesten Schale bekommt. Meine neuen, förderlichen Glaubenssätze nehmen also den Platz der alten ein und ersetzen sie.

DAS SELBSTREFLEXIONS - Buch

Die meisten Menschen leben unbewusst und kennen sich selbst nicht besonders gut. Schließlich denkt der Mensch täglich ca. 43000 (!!!) unbewusste Gedanken. Er denkt also etwas, fühlt dabei etwas, sendet eine Schwingung aus und merkt es bewusst nicht einmal. Dieses Phänomen betrifft uns mehr oder weniger alle. Deshalb ist es wichtig, sich selbst zu beobachten. Mit beobachten meine ich wirklich nur beobachten, auf keinen Fall bewerten und beurteilen. Beobachte Dich einfach ein oder zwei Wochen lang und notiere in Dein „Selbstreflexions-Buch", in welcher Situation Du wie und warum genau so reagiert hast, wie es der Fall war. Manche Gründe verheimlicht der Mensch vor sich selbst und verdrängt sie ins Unterbewusstsein, gerade deshalb ist es wichtig, sich selbst besser kennenzulernen. Nachdem Du festgestellt hast, dass Du in bestimmten Situationen negativ geschwungen hast, gehst Du gedanklich und gefühlsmäßig noch einmal in dieselbe Situation und sprichst eine Affirmation, in der klar gesagt wird, wie Du Dich das nächste Mal in solch einer Situation fühlen willst. Wenn Du diese Übung täglich kurz vorm Schlafengehen praktizierst, bist Du bald nicht mehr der Spielball Deiner Gefühle, sondern Deine Gefühle werden zu Deinem Werkzeug, welches Du dann einsetzt, wenn Du es für richtig hältst. Auch hier ist die Beständigkeit ausschlaggebend.

DIE SCHREIB - Methode

Laut ausgesprochene Affirmationen haben, wie ich bereits erklärt habe, eine unheimlich große Wirkung auf das menschliche Unterbewusstsein. Auch das geschriebene Wort ist nicht zu unterschätzen. Wie mächtig es ist, sieht man an den täglichen Schlagzeilen. Sobald irgendetwas irgendwo geschrieben steht, verleiht es der betreffenden Aussage wesentlich mehr Glaubwürdigkeit, als wenn man es nur kurz hört. Dadurch, dass es irgendwo geschrieben steht, erhält es eine ganz besondere Qualität. Denke Dir eine bestimmte Wunschformulierung aus und schreibe sie 100 Mal auf. Danach schreibe detailliert alle positiven „Folgen" auf, die durch die Wunscherfüllung entstehen. Damit steigert man die Vorfreude ins Unermessliche. Da das Schreiben eine materielle Handlung ist, ist Deine Konzentration während dieses Vorgangs besonders hoch. Und das 100 Mal hintereinander. Deinem Wunsch wird dadurch die Aufmerksamkeit geschenkt, die ihm gebührt und die Manifestation geht ihren Gang.

DIE VERTRAGS - Methode

Viele Wünsche gehen niemals in Erfüllung, weil man sich nicht konsequent mit ihnen befasst. Tausend Ablenkungen täglich lassen uns vergessen, dass unser Lebensglück das wirklich Allerwichtigste in unserem Leben ist. Um mir immer wieder vor Augen zu halten, wie meine Prioritäten im Leben sortiert sind, habe ich bereits vor einiger Zeit einen Vertrag mit mir selbst geschlossen. In diesem Vertrag ist ausdrücklich festgehalten, dass ich mich dazu verpflichte, mich selbst glücklich zu machen und dass alles andere zweitrangig ist. Dieser Vertrag hängt an der Wand über meinem Schreibtisch, so dass ich ihn jeden Tag vor Augen habe.

DIE 12 TATSACHEN – Methode

Jeder echte, wahre, von Herzen kommende Wunsch hat es verdient, schriftlich formuliert zu werden. Das Aufschreiben steigert Deine innere Klarheit und verstärkt Deine Schwingung erheblich. Aber anstatt nur einen Wunsch aufzuschreiben, gehe ich bei dieser Methode noch einen Schritt weiter: Ich notiere 11 Sätze auf ein Blatt Papier, von deren Aussage ich absolut überzeugt bin. Zum Beispiel stehen dort Tatsachen wie „Paris ist die Hauptstadt von Frankreich", „Portugal ist ein europäisches Land" oder „Barack Obama ist der derzeitige US-Präsident". Bei diesen Aussagen sind NULL Zweifel enthalten, wenn ich sie lese. Der Trick besteht darin, in der Mitte der Liste den 1Deinen Wunschsatz aufzuschreiben (z. B.: „Ich lebe in einer glücklichen Beziehung."). Dieses Blatt hängst Du gut sichtbar an der Wand auf, wo Du es täglich sehen kannst. Durch Deine Akzeptanz bezüglich aller anderen auf dem Blatt notierten Aussagen, hat es Deine Wunschformulierung jetzt wesentlich leichter, von Deinem Unterbewusstsein als wahr angenommen zu werden. So, wie es eine Tatsache ist, dass Paris die französische Hauptstadt ist, ist auch Deine Wunschformulierung eine unwiderlegbare Tatsache, ein Faktum, pure Realität, ohne den Hauch eines Zweifels. Das wirkt sich auf Deine Schwingung aus, die sich sofort ans Manifestieren begibt. Nicht vergessen: Bleibt ein Wunsch nur in Deinen Gedanken, hast Du ihn nicht ständig vor Augen. Schreibst Du hingegen etwas auf, kannst Du es Dir gut sichtbar an eine Stelle aufhängen, wo es ständig klar und deutlich auf Dich und Deine Schwingung einwirkt, ohne dass Du dafür ständig das geistige Bild in Deinem Inneren angestrengt aufrufen musst. Nein, Du bist locker und entspannt, und der aufgeschriebene Wunsch nimmt Dir einen Großteil dieser Aktivität ab. Das, was Du zu Papier gebracht hast, ist immer präsent, Tag und Nacht, ständig sendet es Deinem Unterbewusstsein die „frohe Botschaft" zu, mit der das Unterbewusstsein arbeitet. Jeder aufgeschriebene Wunsch bleibt unverändert, während Gedanken sich immer hin und her bewegen und keine festen Grenzen haben. Nutze also die Macht der geschriebenen Worte. Natürlich müssen es nicht zwingend 12 Sätze sein, die Anzahl bleibt Dir überlassen.

DIE DREHBUCH - Methode

Stell Dir vor, Du hast einen magischen Stift. Alles, was Du damit aufschreibst, wird in naher Zukunft zu Deinem Leben. Du kannst Dir für jeden Tag, jede Woche oder jeden Monat ein Wunschdrehbuch schreiben. So, wie Du die zukünftige Zeit erleben willst, schreibst Du alles auf. Gehe alle möglichen Termine, Verabredungen, Orte und sonst alles durch, was in der nahen Zukunft in Deinem Leben eine

Rolle spielt, und dann schreibe auf, wie sie verlaufen sollen. So könntest Du z. B. für einen baldigen Zahnarztbesuch aufschreiben: „Der Zahnarzttermin verläuft ganz nach meinen Vorstellungen. Der Zahnarzt ist freundlich und behutsam, die Behandlung ist schmerzlos und dauert nur wenige Minuten. Glücklich und zufrieden mache ich mich auf den Heimweg." Du entscheidest, was für ein Drehbuch Du schreibst: Für einen Liebesfilm, eine Komödie, einen spannenden Abenteuerfilm oder für etwas gänzlich Anderes. Wichtig ist auch aufzuschreiben, warum Du etwas genau so haben willst. Benutze für Dein Drehbuch einen Stift, keinen Computer, weil Du durch das Schreiben mit dem Stift viel persönlicher mit Deinem Wunsch wirst. Du erreichst mit dieser Methode eine Vertiefung der Beziehung zwischen Dir und Deinem Wunsch.

(19)

DAS BUCH DER HARMONIE

Oft vermiest uns ein einziges Missgeschick oder ein falsches Wort den ganzen Tag. Das Buch der Harmonie ist für mich in den letzten Jahren zu einer großen Unterstützung geworden, die meiste Zeit positiv zu schwingen. Alles, was mich harmonisch stimmt, schreibe ich in dieses Buch, ausnahmslos ALLES. Ob ich nun einen Parkplatz ergattert habe, ob ich sportliche Fortschritte zu verzeichnen habe, ob sich ein Wunsch von mir erfüllt hat, ob mich mein Nachbar freundlich gegrüßt hat, ob mich gute Freunde besucht haben, ob ich gut gegessen habe usw. – all das bringt Harmonie in mein Leben und erhöht meine Lebensfreude. Wenn mir an einem Tag nichts oder kaum etwas Positives widerfahren ist, schreibe ich über eine Tätigkeit, einen Menschen oder einen Ort, die in mir positive Gefühle wecken. Das können meine liebe Mutter, meine Lebensgefährtin, meine Katzen, ein Hobby wie das Zeichnen oder ein Urlaubsort sein. Ich liste alles auf, was mir an der Person, der Tätigkeit oder dem Ort gefällt und erinnere mich dadurch selbst daran, was für liebe Menschen, unterhaltsame Tätigkeiten und schöne Orte mein Leben bereichern. Ebenso schreibe ich auch oft über mich, was mir an mir gefällt, über meine Talente und Fähigkeiten, auf die ich stolz bin, über mein freundliches Verhalten gegenüber anderen Menschen. Der tägliche Erfolg im alltäglichen Leben ist unsere seelische Nahrung, der Treibstoff für unsere Motivation. Es hat für mich einen sehr !?

motivierenden Einfluss, wenn ich das Buch aufschlage und darin lese. Egal welche Seite ich aufschlage und lese, es stehen ausschließlich Berichte darin, die mich fröhlich stimmen, die mir die positive Seite meines Lebens zeigen. Durch das Lesen in meinem Buch macht sich ein Gefühl der Freude, der Zuversicht und des Tatendrangs in mir breit, man traut sich automatisch mehr zu, und Gedanken an Misserfolge entstehen erst gar nicht. Es ist einfach eine unbezahlbare Hilfe, um die eigene Schwingung zu erhöhen oder konstant zu halten. Nutz diesen Energie-Verstärker und den daraus entstehenden Motivationsschub als Sprungbrett, um noch glücklicher und erfolgreicher zu werden.

DAS ERFOLGSBUCH

Da der Großteil der Gesellschaft, in der wir leben, äußerst wissenschaftsgläubig ist, an das Gesetz der Anziehung nicht glaubt und diese Glaubenssätze tagtäglich in den Medien, in Privatgesprächen und auch sonst überall lauthals vertritt, sind wir ständig mit Berichten und Aussagen konfrontiert, die in uns Zweifel wecken könnten, bewusste Schöpfer zu sein. Um seine eigene innere Überzeugung an die uns naturgegebene Schöpfermacht zu festigen, eignet sich ein Erfolgsbuch. In dieses Buch schreibst Du alle Deine bisherigen Wunscherfolge hinein. Sei es der gewünschte Parkplatz, die Gehaltserhöhung oder der neue Lebensgefährte, alle diese Erfolge sind wie Dünger für weitere Erfolgserlebnisse.

DAS BUCH DER DANKBARKEIT

Dankbar sein erhöht unsere Grundschwingung und verhilft somit zu noch mehr Wunscherfolgen. Aber mal Hand aufs Herz: Sind wir wirklich von Herzen dankbar, wenn wir uns heutzutage bedanken? Die meisten Menschen sagen „Danke“ ebenso wie „Gesundheit“, wenn jemand niest, aus reiner Gewohnheit, ohne es wirklich zu meinen. Es kommt nicht von Herzen. Dabei gibt es so vieles, für das man dankbar sein sollte: Unser tägliches Essen, unser Zuhause, unser Geld, warmen Sonnenschein, schöne Blumen, liebevolle Mitmenschen, Vogelgezwitscher, erfolgreiches Wünschen usw. Die Liste ließe sich beliebig lang fortsetzen. Ganz ernsthaft: Sind wir dankbar für unseren Körper? Würden wir uns ein Bein amputieren lassen, wenn uns jemand zehn Millionen Euro dafür bieten würde? Was wäre die richtige Summe, um sich ein Bein abschneiden zu lassen? Keine Summe der Welt, denn wir sind dankbar, dass wir Beine haben!!! Die meisten Menschen schätzen ihre Gesundheit, ihr Geld und ihren Partner erst, wenn sie weg sind. Seien wir lieber JETZT dankbar für all die schönen Dinge, die wir JETZT haben.

Gehen wir mal ins Detail: Wir wünschen uns etwas, freuen uns schon heute darauf und erwarten es. Dann erhalten wir unsere Wunscherfüllung und ein tiefes Gefühl der Dankbarkeit steigt in uns auf. Dankbarkeit steht also in engem Zusammenhang mit der Freude, etwas erhalten zu haben, was man sich von Herzen gewünscht hat. Man könnte also sagen, dass Dankbarkeit immer dann in uns entsteht, wenn wir einen Grund fürs Freuen, fürs Glücklichsein bekommen haben. Wünschen wir uns also Dankbarkeit, erhalten wir immer mehr freudvolle Dinge, die uns immer dankbarer werden lassen. Wächst unsere Dankbarkeit, so wachsen folglich auch unsere „Glückslieferungen". Und so entsteht auch hier wieder ein regelrechter Kreislauf, der nie zu Ende gehen muss, wenn wir es nicht wollen. Dankbarkeit und Glück sind untrennbar miteinander verbunden. Durch die Dankbarkeit steigt unsere Schwingung und wir werden automatisch immer glücklicher. Es festigt unseren Glauben an uns und den bewussten Umgang mit unserer Schöpfermacht.

Deshalb empfehle ich Dir, ein so genanntes Buch der Dankbarkeit zu führen. Schreibe täglich etwas auf, wofür Du dankbar bist in Deinem Leben. Auf diese Weise erhöhst Du Deine Schwingung. Natürlich kannst Du diese Methode täglich auch mündlich machen, aber das Schreiben erhöht Deine Aufmerksamkeit auf die Dinge, für die Du dankbar bist.

DIE LEBENSLAUF - Methode

Der Einfall zur sogenannten Lebenslauf-Methode kam mir, als ich die Biografie eines bekannten Schauspielers las. Es gab Stellen in der Biografie, die Glücks- und Erfolgsmomente beschrieben, aber auch Stellen, die von weniger angenehmen Lebensphasen handelten. In der Folgezeit las ich noch einige Biografien und dachte innerlich:

„Hmmm, wenn man all die glücklichen und erfolgreichen Lebensstationen aus all diesen verschiedenen Biografien verbinden würde zu meinem Leben, dann wäre das ohne Zweifel eines der glücklichsten Leben aller Zeiten.“ Tage später half ich einem Bekannten beim Verfassen einer Bewerbung mit Lebenslauf. Dabei fielen mir die Biografien vieler bekannter Schauspieler ein, von Humphrey Bogart über Paul Newman, bis zu Julia Roberts. Und ich begann einen Lebenslauf für meine privaten Zwecke anzufertigen, welcher alle meine Wünsche widerspiegelte. Diesen Lebenslauf hängte ich mir, neben vielen weiteren Energie-Verstärkern, an meine Pinnwand, so dass ich alle meine glücklichen Wunsch-Lebensstationen immer gut sichtbar vor mir habe.

DIE NOTAR - Methode 23

Ein Bekannter von mir ist mit einem Notar befreundet. Er erzählte mir, dass der Notar ihm eine Vollmacht notariell beglaubigte. Nun ist die Vollmacht gültig und alle Behörden müssen sie anerkennen. Der Notar setzte seinen Stempel drunter und plötzlich war aus einem ganz gewöhnlichen Blatt Papier etwas ganz Besonderes geworden. „Na, wenn das nicht ein effektiver Energie-Verstärker ist“, schoss es mir durch den Kopf. Ich ließ mir kurz darauf einen Stempel anfertigen, mit dem ich „GENEHMIGT“ stempeln konnte. Dann erstellte ich mir am Computer eine Glücksurkunde, die mich dazu ermächtigt, im laufenden Kalenderjahr nur noch glücklich zu sein. Weitere Urkunden folgten, unter anderem eine Gesundheitsurkunde, eine Urkunde über einen bestimmten Geldbetrag und viele mehr. Alle wurden mit meinem neuen Stempel „genehmigt“. Die Urkunden sahen wie offiziell bestätigt aus. Damit bekam mein Glück quasi offiziellen Charakter und ich hatte die „Lizenz(en) zum Glücklichsein“ an meiner Wand hängen.

DAS INSPIRATIONS - Buch 24

Jeder Mensch hat Wünsche und je weniger Zweifel und innere Widerstände in ihm vorhanden sind, desto besser schwingt er. Viele Menschen wünschen sich Geld, glauben aber insgeheim, dass Geld ihre seelische und spirituelle Entwicklung hemmt. Oder sie wünschen sich einen schönen Urlaub in Santa Barbara in Kalifornien, aber denken zugleich an die Freunde und Verwandten, die nicht mitkommen können, weil sie es sich nicht leisten können. Dadurch haben sie dann ein schlechtes Gewissen und verzichten ganz auf ihren Wunsch. Oder man wünscht sich einen Diamanten, hat aber Schuldgefühle tief in sich, weil man an die ausgebeuteten Arbeiter in der sogenannten „Dritten Welt" denkt, welche die Diamanten in Minen abbauen. Bedenke dabei bitte immer, dass Du niemandem helfen kannst, wenn Du selbst unglücklich bist. Unglücklich bist Du dann, wenn Du eine unglückliche Schwingung produzierst. Eine unglückliche Schwingung produzierst Du immer dann, wenn Du Deinen Wünschen keine Beachtung schenkst. Es ist niemandem geholfen, wenn Du auf Deinen Urlaub verzichtest. Es ist sehr effektiv, wenn Du alle Deine Wünsche in Dein „Inspirations-Buch" schreibst und daneben schreibst, welchem höheren Ideal die Verwirklichung Deiner Wünsche dient. So könntest Du zum Beispiel beim Wunsch nach mehr Geld aufschreiben, dass dieses Geld auch Deiner Familie zugute kommt, dass Du beim Urlaub in Santa Barbara Deine Freunde derart motivierst, zu mehr Geld zu kommen, so dass sie ebenfalls bald einen Urlaub in Kalifornien machen können, und beim Kauf eines Diamanten einen Arbeiter aus Afrika vor Arbeitslosigkeit bewahrt hast. Führe Deine „Wunschrituale" ausgehend von dieser Ebene. Denn auf ihr erfüllen sich nicht nur Deine persönlichen Wünsche, sondern sie decken sich zugleich mit einem höheren Zweck.

DAS ERLEBNIS - TAGEBUCH

Abends, kurz vor dem Schlafengehen, schreibe ich mein positives Erlebnis-Tagebuch: Da schreibe ich alles auf, wie ich es gern gehabt hätte, nicht unbedingt, wie es tatsächlich war (besonders in Bezug auf unschöne Erlebnisse). Bediente mich im Supermarkt ein unfreundlicher Kassierer, steht in meinem Büchlein, dass der Kassierer besonders nett zu mir war. Hat sich die Bahn verspätet, schreibe ich auf, dass sie auf die Minute pünktlich war, und da ich etwas zu spät kam, sogar auf mich gewartet hat. War es im Kino während einer Filmvorführung laut und störend, schreibe ich auf, dass alle Kinobesucher sich tadellos ruhig verhalten haben. Ebenso wie beim Buch der Harmonie erhöht sich die Grundschwingung bereits beim Schreiben des Buches, und später während des Lesens.

DAS MOTIVATIONS - BUCH

Die Welt (der Medien) ist voll von demotivierenden Bildern und Aussagen, also gilt es da entgegenzusteuern, ein Gegengewicht einzubringen und sich hoch motiviert zu halten. Ich habe mir dafür eine Art Motivationsbuch angefertigt. Darin sammle ich alle Berichte, Biografien und Bilder, die mich anspornen. Lese ich beispielsweise in einer Zeitschrift etwas über einen Menschen, der etwas erreicht hat, was ich ebenfalls anstrebe, dann übertrage ich diesen Bericht in mein Motivationsbuch, oder schneide den Bericht aus der Zeitschrift heraus und klebe ihn in mein Buch. Jedes Mal, wenn ein Zweifel in mir aufkeimt und mir zu sagen versucht, dass es unmöglich ist, das anvisierte Ziel zu erreichen, ist es ein Leichtes, das Buch zur Hand zu nehmen und meine Zweifel wegzuspülen, indem ich lese, wie jemand bereits vor mir dieses Ziel erreicht hat. Damit zeige ich meinem Unterbewusstsein ganz klipp und klar, dass mein Wunsch erwiesenermaßen erfüllbar ist, so dass meine inneren Blockaden und Hindernisse dem nichts mehr entgegenzusetzen haben.

DIE WUNSCHDELEGATIONS - Methode

Immer, wenn ich zu viel auf einmal zu tun habe und weder ein noch aus weiß, sinkt meine Schwingung. Ein Buch schreiben, das Cover dazu erstellen, ein Kinderbuch zeichnen, eine Animation produzieren, einen Comic zeichnen, zum Kampfkunsttraining fahren, neue Mietverträge schreiben, die Steuererklärung erstellen, den Keller aufräumen und noch zehn weitere Sachen erledigen – und man ist überfordert. In solchen Fällen versuchte ich noch vor Jahren alles zu organisieren und durchzuplanen. Manchmal gelang es mir auch, alles zu erledigen, dafür war ich aber am Ende des Tages erschöpft und kraftlos. Heute erstelle ich dazu einfach die Wunschliste ans Universum. Dazu nehme ich ein Blatt Papier und ziehe eine Linie in der Mitte. Auf die eine Seite schreibe ich auf, welche Aufgaben ich erledige, auf die andere Seite kommen die „Problemfälle“, die ich aus welchen Gründen auch immer vorerst nicht erledigen kann. Das überlasse ich dem Universum. Auf diese Weise schwinge ich gleich viel höher, weil ich mich entlaste und ein großes Vertrauen zum Universum herstelle. So kam es bereits oft vor, dass jemand mir bereitwillig die eine oder andere Arbeit abnahm, ohne dass ich darum gebeten habe.

DAS LOBESBUCH

Eigenlob stinkt nicht, sondern Eigenlob stimmt, wenn er von Herzen kommt. Lobe Dich schriftlich mindestens einmal pro Tag, denn es zeigt Deinem Unterbewusstsein, dass Du zufrieden bist. Das erhöht Deine Grundschwingung. Wofür loben? Für die wirklich wichtigen Tatsachen in Deinem Leben: Dafür, dass es Dich gibt, dass Du etwas ganz Besonderes und Wundervolles bist, dass Du so bist, wie Du bist, dass Du die Welt bereicherst, dass Du einzigartig bist, dass Du Dich dazu entschlossen hast, glücklich zu sein, dass Du gute Laune verbreitest und dass Du lebst!!!

DIE KREIS - Methode

Ich habe manchmal bestimmte Wünsche, an deren Erfüllung Zweifel in mir aufkommen. Um die Zweifel auszuräumen, eignet sich die Kreis-Methode. Dazu nimmst Du ein leeres Blatt Papier und schreibst darauf Deinen Wunsch, z. B.: „Ich wünsche mir eine eigene Insel im Südpazifik." Sprich diesen Wunsch etwa drei Minuten lang laut vor Dich hin und zeichne dabei ununterbrochen einen Kreis um ihn. Wichtig dabei ist es, den Blick immer auf Deinen geschriebenen Wunsch ruhen zu lassen. Danach schreibe über Deine Wunschformulierung Folgendes hin: „Ich weiß, dass ich eine eigene Insel im Südpazifik haben werde." Nun machst Du dasselbe wie zuvor: Du sprichst etwa drei Minuten lang Deine neue Wunschformulierung laut aus und schaust dabei auf sie. Zugleich zeichnest Du drei Minuten lang einen größeren Kreis um die neue Formulierung UND die alte Formulierung. Nachdem Du dies getan hast, schreibst Du über die zweite Formulierung nun den Satz: „Ich habe eine eigene Insel im Südpazifik." Wieder dasselbe Spiel. Drei Minuten lang laut sprechen, dabei immer auf die neue Formulierung sehen und dabei ständig den Kreis zeichnen, der alle Formulierungen auf dem Blatt umfasst. Auf diese Weise näherst Du Dich Deinem Wunsch in langsamen Schritten an, machst ihn für Dich immer glaubwürdiger, realistischer und greifbarer, bis er stimmig ist. Natürlich sind die Zeitangaben variabel, denn sie hängen stets von der eigenen inneren Überzeugung ab, wie etwas wie weit realistisch ist. Man kann das Ganze auch in mehrere Einzelschritte unterteilen. Beispielsweise kann man als zweiten Schritt zunächst die Formulierung „Es ist nicht unmöglich, eine eigene Insel zu besitzen“ aufschreiben. Wie viele Schritte man letztendlich benutzt, hängt von jedem selbst ab. Auf jeden Fall hat mir die Kreis-Methode oft dabei geholfen, etwas, was mir zuerst unrealistisch erschien, in etwas sehr Realistisches umzuwandeln.

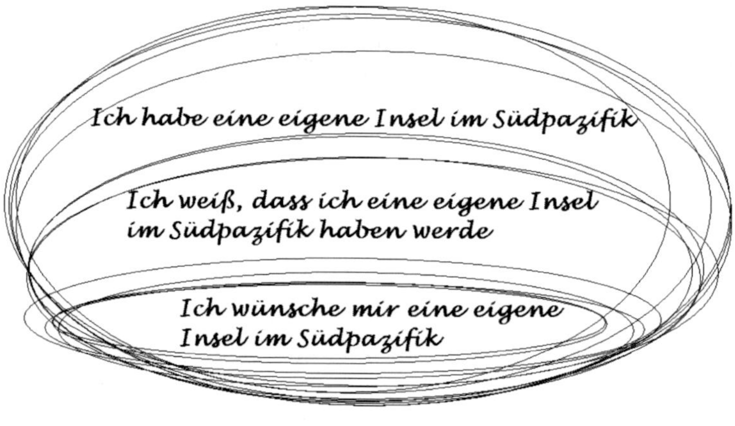

DIE SIGILLENMAGIE - Methode

Über Sigillenmagie kann man ein ganzes Buch schreiben, darum beschränke ich mich hier auf das Wesentliche, und wie ich persönlich es handhabe. Dazu ein Beispiel: Ich wünsche mir ein neues Auto, und zwar einen Jaguar XFR. Die normale Wunschformulierung wäre „Ich wünsche mir einen neuen Jaguar XFR“. Nun werden alle doppelten Buchstaben heraus genommen und übrig bleibt das Kauderwelsch „ICHWÜNSEMRUJAGXF“. Dann verschnörkelst Du die Schrift, ordnest die Buchstaben neu an, benutzt eine andere Schriftart, für jeden Buchstaben eine andere Farbe und eine andere Größe, schreibst manche Buchstaben groß, manche klein, drehst manche Wörter auf den „Kopf“ und positionierst das Ganze abschließend in einen Kreis, ein Rechteck oder ein Dreieck. Worauf es ankommt, ist, dass zu guter Letzt für Dich nicht mehr erkennbar ist, was da eigentlich steht. Nun wird man in einigen Wochen, wenn man wie ich mehrere Poster im ganzen Haus verteilt hängen hat, gar nicht mehr wortwörtlich wissen, was dieses oder jenes Kauderwelsch genau bedeutet, aber das Unterbewusstsein weiß es ganz genau. Und damit hat man die skeptischen und kritischen Bewusstseinsanteile unwirksam gemacht, so dass sie keine Bewertung des Kauderwelsches vornehmen können und dieses ungehindert damit anfangen kann, im Unterbewusstsein zu wirken.

DIE UHRZEIGER – Methode
Wohin wandert unser Blick im Laufe des Tages mehrmals? Zur Uhr. Die Uhrzeit ist etwas, worauf wir immer wieder unsere Aufmerksamkeit richten. Ich habe in meinem Arbeitszimmer eine große Uhr an der Wand hängen. Den großen Uhrzeiger habe Ich mit der Aufschrift „ICH erschaffe mein Leben“ versehen. Auf diese Weise erinnert mich jeder Blick auf sie, dass ich bewusst auf meine Gedankengänge achten soll. Der kleine Zeiger trägt die Aufschrift „JETZT bin ich glücklich“. Egal, ob ich morgens, mittags oder abends auf die Uhr sehe, es wird mir immer die Botschaft übermittelt, dass ich genau dann glücklich bin. Alternativ kann man auch das Ziffernblatt der Uhr nach seinen Wünschen gestalten.

DIE LESEZEICHEN - Methode
Wer viele Bücher liest, hat für gewöhnlich ein Lesezeichen – zumindest in meinem Fall ist es so. Ich habe mir eine Prospekthülle so zurecht geschnitten, dass ich mein Wunschbild reinsetzen konnte. Beim Lesen eines Buches präsentiere ich meinem Unterbewusstsein ständig meinen Wunsch. Anstelle des Wunschbildes kann man natürlich auch einen Text verwenden oder eine Sigille.

DIE ERINNERUNGS – Methode
Wäsche waschen, den Rasen mähen, jede Menge E-Mails schreiben, zwischendurch etwas essen und dann schnell in die Stadt? Hoppla, habe ich da nicht etwas vergessen? Was ist mit meinen Wünschen?

Damit mein Alltag nicht so ausfällt, habe ich die Erinnerungsfunktion meines Mobiltelefons so programmiert, dass sie mich mindestens zwölf Mal täglich in Form des Textes „Sei glücklich" an meine Wünsche erinnert, die ich dann in Gedanken mit meiner Aufmerksamkeitsenergie auflade. Dadurch habe ich sie täglich mindestens 12 Mal im Zentrum meiner Aufmerksamkeit. Ein guter Freund von mir praktiziert diese Methode in abgeänderter Form. Er hat einen Bürojob und lässt sich von einem Computerprogramm stündlich an seinen Wunsch erinnern.

„Erinnere Dich in jedem Augenblick an die Macht Deiner Gedanken. Was Du beständig und beharrlich denkst, das wirst und verwirklichst Du." (K. O. Schmid)

DIE POSTER - Methode

Ich schneide mich mit Bildbearbeitungsprogrammen oft in einen "Geld-Hintergrund" und lasse daraus ein Poster machen. Ich habe mehrere Poster in allen Zimmern gut sichtbar an den Wänden hängen. Die Poster sollten so aufgehängt werden, dass Du sie stets im Blick hast (über dem Fernseher, in der Küche, im Schlafzimmer an der Decke über dem Bett, über dem Computer). Wenn ich bewusst auf ein Poster sehe, bin ich sofort voller Freude - ob ich will oder nicht. Ich habe über meinem PC mein Lieblingsposter hängen, welches mich immer anschaut und obgleich ich am PC arbeite, bekommt mein Unterbewusstsein alles mit. Noch wirksamer ist es allerdings, wenn jemand Anderes die Bildbearbeitung übernimmt, damit die Bilder während der mühseligen Arbeit nicht ihre positive Wirkung verlieren, da man sie ständig vor Augen hat. Auch Texte kann man sich dazuschreiben, die hilfreich sind. Zum Beispiel nach Art der Sigillenmagie.
Durch den ständigen Blick auf die Poster, auf denen ich mit viel Geld abgebildet bin, sah ich es irgendwann als selbstverständlich an, dass Geld und meine Person fest zusammen gehören.

Ich lasse mich auch oft vor mein gewünschtes Haus an die Adriaküste kopieren. Ein Blick darauf und ich schwebe innerlich vor Glück. Dazu werden dann noch geliebte Menschen hinzu geschnitten und meine Glücksschwingung tanzt gleich ein paar Oktaven höher. Aus dem Internet kannst Du Dir die Bilder, die Deinem Wunsch entsprechen, auf Deinen Computer speichern und dann damit arbeiten (Häuser, Geldregen bzw. Geldnoten, Autos, Tiere, Urlaubsorte, schöne Landschaften usw.). Ich handhabe es so, dass ich mir sowohl "Einzelthemen-Poster" erstellen lasse (also nur ich und mein Haus, ich und mein Auto oder ich und Geld usw.), aber es gibt auch Bilder, auf denen ich mit drei, vier oder mehreren "Wünschen" zusammen abgebildet bin. Nutze diesen Energie-Verstärker so oft wie möglich. Er ist ungemein wirkungsvoll, da unser Unterbewusstsein vornehmlich in Bildern denkt.

DIE DIA - Methode

Eine abgewandelte Form der Poster-Methode ist, die bearbeiteten Bilder in Form einer Dia-Show (mit einem Videobeamer auf die Wand strahlen oder auf dem Computermonitor) ablaufen zu lassen und dabei ein Mantra (bzw. Affirmation) mehrmals hintereinander laut zu sprechen. Durch die Kombination der Bilder und des laut ausgesprochenen Wunsches ist die Wirkung auf das Unterbewusstsein besonders hoch.

DIE DIGITALE BILDRAHMEN – Methode 36

Eine weitere Variante der Poster-Methode: Ich kaufte mir vor Kurzem einen digitalen Bilderrahmen, der zeitgesteuert digitales Bild- und Videomaterial wiedergibt. Er hat einen Platz auf meinem Schreibtisch bekommen, wo ich ihn mehrere Stunden täglich vor Augen habe. Ich lasse mir darin Bilder meiner Wunschobjekte, meiner Traumreiseziele sowie Fotos von mir und geliebten Menschen zeigen.

DIE ZEITUNGSARTIKEL - Methode 37

Um eine Wunschvorstellung Wirklichkeit werden zu lassen, bedarf es, wie wir wissen, besonders der visuellen Vorstellungskraft. Diese kann man effektiv unterstützen durch bestimmte Bilder. Bilder sind aber nicht gleich Bilder. Je überzeugender ein Bild (Foto, Poster, Fensterbild, Zeichnung usw.) ist, desto schneller manifestiert sich der Wunsch. Besonders wirkungsvoll erwies sich bei mir ein selbsterstellter Zeitungsartikel mit dem Namen einer tatsächlich existierenden Zeitung, in dem in großen Buchstaben zu lesen war: „Goran Kikics Buch ist ein Bestseller." Ach, wie schön!!! Was für ein Wohlgefühl!!! Und was soll ich sagen, schon bald darauf kam mein Buch in die Bestseller-Liste des verantwortlichen Verlages und das schon zwei Monate nach seiner Veröffentlichung. Durch den Zeitungsartikel entstand für mein Unterbewusstsein der Eindruck, dass der Wunsch mit der Bestsellerliste bereits ein realer Umstand war.

DIE KALENDER – Methode 38

Nehmen wir einmal an, Dein Wunsch ist eine glückliche Beziehung, ein schöner Sportwagen, ein eigenes Haus am Strand von Kalifornien, ein Hund und eine Katze. Dazu fertigst Du Dir einen eigenen Kalender an. Für jeden Monat erstellst Du ein Bild, in dem einer Deiner Wünsche Wirklichkeit ist. Auf dem Januar-Bild bist Du mit dem Partner Deiner Wahl zu sehen, auf dem Februar-Bild bist Du mit dem Partner Deiner Wahl UND einem Sportwagen abgebildet, im März sieht man zusätzlich zu Dir, Deinem Partner und dem Sportauto schon den Strand von Kalifornien im Hintergrund und im April ist auch schon das Haus zu sehen. Mit jedem weiteren Monat gehen mehr und mehr Wünsche in Erfüllung, und die Bilder werden immer ausgefüllter mit Deinen Wünschen. Der regelmäßige Blick auf die unterschiedlichen Seiten des Kalenders veranschaulicht Deinem Unterbewusstsein ganz genau, was Du Dir wünschst und dass es durchaus machbar ist. Solltest Du bei dieser Methode auch Affirmationen sprechen, kann ich Dir aus eigener Erfahrung empfehlen, zunächst die Formulierung „Ich habe beschlossen…“ zu wählen, und nachdem sich der Glaube an die baldige Erfüllung des Wunsches etabliert hat, zu der Formulierung „Ich bin / habe…“ zu wechseln. Ich habe damit nur positive Erfahrungen zu verzeichnen gehabt.

DIE FOTOALBUM - Methode

Eine ganz besondere Variante der visuellen Energie-Verstärker ist mein sogenanntes Wunsch-Fotoalbum. Darin sind kategorisch Bilder von mir und meinen Wunschobjekten. Einmal täglich sehe ich mir mein Wunsch-Fotoalbum durch, was mich automatisch mit guter Laune erfüllt. Es gibt die Kategorien „Goran und seine Wunschautos“, „Goran im Urlaub“ und auch „Goran und seine Traumvillen“. Dann gibt es die große Rubrik „Goran und seine Hobbys“ (vorwiegend Sport und künstlerische Tätigkeiten) sowie die Gruppe „Gorans Leben in Gesundheit und Liebe“. Auch hier sind die meisten Bilder mit einem Bildbearbeitungsprogramm nachgearbeitet worden, aber manchmal habe ich mich vor einem Auto, welches meinen Wünschen entspricht, fotografieren lassen. Ein Blick auf solche Bilder pflanzt meinem Unterbewusstsein mein „Wunschleben“ ein, so dass mein Unterbewusstsein sich an die Verwirklichung begeben kann.

DIE POSTKARTEN – Methode

Immer, wenn ein Freund oder Bekannter an einen Urlaubsort reist, an dem ich auch gerne wäre, bitte ich ihn, mir eine Postkarte zu schicken. Auf dieser Postkarte steht der Satz: „Schön, dass wir uns im nächsten Jahr hier treffen werden.“ Ich habe mittlerweile viele solcher Postkarten, die mir alle das Gefühl geben, dass mein Wunsch bald in Erfüllung geht.

DIE VISION – BOARD - Methode

Der Klassiker. Sammle alles, was Du Dir wünschst. Blättere in Katalogen und Zeitschriften rum, und wenn Du etwas findest, was Dir gefällt, schneide es aus und bringe es an Dein Vision-Board an. Das müssen nicht nur Bilder von Gegenständen wie Autos oder Häuser sein, es können auch Berichte von exotischen Urlaubsorten sein und bestimmte (sportliche, unternehmerische usw.) Leistungen. Alles, was Du erreichen willst. Dein Vision-Board sollte an einer gut sichtbaren Stelle befestigt sein, wo Du es ständig sehen kannst. Je öfter Du einen Blick darauf wirfst, desto mehr Aufmerksamkeit schenkst Du ihm. Und je mehr Aufmerksamkeit Du ihm schenkst, desto mehr schwingst Du in der erforderlichen Wunschschwingung.

DIE MOBILE - Methode

Eine weitere Variante der „Vision-Board-Methode“ ist die, ein Mobile mit verschiedenen Wunschbildern aufzuhängen. Auch hier sollte ein zentraler Platz ausgesucht werden, so dass die Bilder immer einen Teil unserer Aufmerksamkeit auf sich ziehen.

DIE WUNSCHTRUHE - Methode

Eine ebenfalls klassische und abgewandelte Form der „Vision-Board-Methode“ ist die Methode, alles, was man sich wünscht, in Form von Modellen, Bildern usw. in einer Truhe zu sammeln. Die Truhe sollte nicht irgendwo in der Ecke stehen, wo sie kaum zu sehen ist. HEY, es ist Deine Wunschtruhe, mit Abstand der wichtigste Gegenstand in Deinem Heim. Also würdige sie entsprechend und gib ihr einen zentralen Platz, damit sie immer Deine Aufmerksamkeit anzieht. Du kannst das Ganze auch mit der Dankbarkeits-Methode kombinieren. Sobald ein Wunsch von mir in Erfüllung gegangen ist, nehme ich das Bild des erfüllten Wunsches aus der Truhe heraus und lege dafür einen Dankesbrief an dieselbe Stelle. Dankesbriefe entfachen während des Schreibens eine ungeheure Glücksenergie in mir und jedes Mal, wenn ich einen Blick in die Wunschtruhe werfe, sehe ich eine Menge Dankesbriefe, die mir klar und deutlich signalisieren, wie oft ein Wunsch von mir bereits in Erfüllung gegangen ist.

DIE PROMINENTEN – Methode

Menschen haben oftmals Idole und Vorbilder, die sie bewundern und denen sie voll und ganz vertrauen. Wenn diese Leute etwas zu ihnen sagen würden, wäre es tausend Mal wertvoller, als wenn es tausend andere Menschen sagen. Ein Autogramm von Idolen wird ja bereits oft wie ein Heiligtum verehrt. Wenn solch ein Idol zu uns sagen würde „Verwirkliche Deine innersten Wünsche und werde glücklich dabei", wäre so manch einer von uns plötzlich voller Tatendrang. Ich habe verschiedene Menschen, von denen ich in bestimmten Bereichen eine hohe Meinung habe, mit einem Bildbearbeitungsprogramm zusammengeschnitten und ausgedruckt. Das Besondere dabei ist, dass jeder von Ihnen eine Sprechblase (wie in Comics) über sich hat, mit Aussagen wie „Gorans Wünsche gehen alle in Erfüllung" oder „Goran ist willensstark, ausdauernd und glücklich". Ein Blick auf solch ein Bild und ich bin auf der Stelle hoch motiviert und voller Freude. Und für mich ist Freude das größte Geschenk, das man sich selbst machen kann.

DIE NACHVERTONUNGS - Methode

Ich wollte meine „Prominenten-Methode" nicht nur als Print-Ausdruck haben, sondern auch als Video. Dazu suchte ich mir bestimmte Szenen aus diversen Filmen aus. Im Mittelpunkt standen immer drei bekannte Hollywood-Schauspieler, von denen ich genügend Filmmaterial besitze. Es muss natürlich nicht unbedingt ein Schauspieler sein, wichtig ist nur, dass die von Dir ausgewählten Personen für Dich überzeugend sind. Als nächstes schnitt ich mehrere Filmszenen zusammen, die eine starke Ausstrahlungskraft auf mich hatten. Dann bat ich meinen besten Freund darum, diese Szenen mit von mir zusammengestellten Sätzen nach zu vertonen. Da mein Freund Hypnose-CDs produziert, ist er mit dem erforderlichen Equipment ausgestattet und tat mir den Gefallen. Zwei weitere Freunde übernahmen die Synchronisation der anderen zwei Schauspieler. Ich wollte in der Produktionsphase nicht dabei sein, um ganz unvoreingenommen das Ergebnis anschauen zu können. Die Wirkung war überwältigend. Da waren drei Hollywood-Schauspieler, die mir hoch und heilig bestätigten, dass ein ganz bestimmter Wunsch sich erfüllt hat, und die mir gewisse Eigenschaften bescheinigten, so dass ich mich nach dem Ansehen des nach vertonten Videos absolut spitze fühlte.

DIE VIDEO - Methode

Diese Methode stammt von meiner Freundin, die mir zum Geburtstag eine Freude machte. Sie wusste, dass ich seit geraumer Zeit den Wunsch nach einer Weltreise habe, die mindestens ein Jahr dauert. Dazu ließ sie sich auf Video aufnehmen, wie sie sprach: „Goran, ich freue mich sehr, dass Dein Wunsch, auf Weltreise zu gehen, sich erfüllt hat." Zusätzlich dazu hat sie weitere fünf Vertrauenspersonen (meine Mutter, meinen Bruder, meine Schwägerin, meinen besten Freund und seine Lebensgefährtin) aufgenommen, die das Gleiche taten, aber immer mit eigenen Formulierungen. Dann hatte sie noch aus den verschiedensten Filmen und Reisedokumentationen die schönsten Plätze der Welt aneinander geschnitten, die von ihr kommentiert wurden. Nach dem Video hatte ich ein viel klareres Bild von meiner Weltreise und ein Gefühl der Freude durchflutete mich.

DIE TREPPEN - Methode

Ich habe mir bereits als Jugendlicher beim Treppensteigen in meiner Phantasie oftmals ausgemalt, dass jede Stufe, die ich betrete, mir zehn Mark Einnahmen beschert. Als ich einmal die Treppen eines mehrstöckigen Gebäudes hochsprintete, war ich, nachdem ich oben angekommen war, in meiner Vorstellung ein reicher Mann. Das Schöne dabei war, dass ich das Treppensteigen dabei nicht mal als Anstrengung empfand, im Gegenteil, ich war fast traurig, als ich oben angekommen war und feststellte, dass es keine Stufen und somit keine weiteren 10 Mark pro Stufe gab. Natürlich kann man diese Methode für alles einsetzen, nicht nur für Geld. So könnte jemand, der abnehmen will, sich vorstellen, für jede Stufe der Treppe, die er betritt, ein halbes Kilogramm Körpergewicht zu verlieren. Der Phantasie sind hierbei keine Grenzen gesetzt. Seitdem ich diesen Energie-Verstärker nutze, haben Fahrstühle ihre Anziehungskraft für mich verloren, ich benutze generell immer lieber die Treppe. Diese Methode demonstriert im wahrsten Wortsinne, dass der Weg das Ziel ist, da jede einzelne Stufe, jeder einzelne Schritt bereits einen Teil der Wunscherfüllung ausmacht. Sie zeigt, dass jeder einzelne Schritt wichtig und ein Teil des Ganzen ist, dass jeder Weg mit einem einzelnen Schritt beginnt und dass man, wenn man den ersten Schritt macht, nicht unbedingt den ganzen Weg überblicken muss. Und ganz oben auf dem letzten Treppenabsatz wartet unsere Wunscherfüllung auf uns. Rolltreppen sind natürlich kaum geeignet, denn sie machen uns passiv und träge. Wir aber wollen aktiv sein, denn nur wenn wir etwas für unsere Wunscherfüllungen tun, werden sie auch wahr.

DIE LAUFBAND - Methode
(alternativ: Die Stepper-Methode)
Ähnlich wie bei der Treppen – Methode habe ich es mir beim Training auf dem Laufband (oder Stepper) angewöhnt, mir in Gedanken für die Bewältigung einer bestimmten Distanz einen bestimmten Geldbetrag vorzustellen. Zum Beispiel 100 Euro pro zurückgelegten Kilometer. Der Phantasie sind keine Grenzen gesetzt - so kann man sich vorstellen, dass man gerade bei einer Gameshow im Fernsehen ist, bei der man begrenzt Zeit hat und in dieser Zeit so viele Kilometer auf dem Laufband wie möglich zurücklegen muss. Seitdem ich dies so praktiziere, überrasche ich mich regelmäßig mit neuen Rekorden auf dem Laufband.

DIE SALZWASSERTANK – Methode
Irgendwann fordert der tägliche Stress seinen Preis und unsere Energiereserven sind leer. Diese gilt es aufzuladen und das geht am besten durch Tiefenentspannung. In einem Zustand der totalen Ruhe und Entspannung von Körper und Geist, entfaltet unsere Wunschschwingung seine volle Wirkung. Einige Wellness-Studios, verfügen über Salzwassertanks (floating tanks) – diese eignen sich perfekt für eine einzigartige Tiefenentspannung. In diesen Tanks bzw. Behältern ist Salzwasser mit einem so dichten Salzgehalt, dass man nicht untergeht, wenn man sich hineinlegt. Im Tank selbst kann man weder etwas sehen, noch etwas hören. Man hat absolute Ruhe und entspannt auf einer Ebene, die man zuvor für kaum möglich gehalten hat. Alle optischen und sonstigen Reize sind weg, man ist mit sich allein. Obwohl die Gedanken noch wild umherschwirren im Kopf, dauert es für gewöhnlich nicht lange, bis auch sie sich beruhigt haben, weil sie nichts haben, von dem sie sich ablenken lassen

können. Die Muskeln entspannen sich ebenso wie das Gehirn und man schwebt im wahrsten Sinne des Wortes wie auf einer Wolke, schwerelos und leicht wie eine Feder. Falten lösen sich, Anspannungen verschwinden und Energie, Vitalität und Kraft durchströmen den gesamten Körper. Jeglicher Druck, Stress und jedwede innere Unruhe lösen sich einfach auf. In diesem Zustand spreche ich eine Affirmation etwa 10 Minuten lang und übergebe mich dann ganz und gar der entspannten Glückseligkeit, in der ich mich gerade befinde. Da nichts außer der Affirmation vorhanden ist, befasst sich mein Unterbewusstsein damit. Zugleich bin ich entspannt und voller Glückshormone, weil man in diesem Zustand gar nicht anders empfinden kann, so dass neben meiner Affirmation auch reine Glücksemotionen ihre Wirkung tun. Eine Salzwassertank-Session dauert in der Regel eine Stunde und kostet zwischen 45 und 60 Euro.

DIE CHI MASCHINEN - Methode (50)

Eine ebenfalls empfehlenswerte Methode, Körper und Geist in eine Tiefenentspannung zu versetzen und in diesem Zustand seine Wünsche abzusenden, ist die Chi Maschinen-Methode. Die Chi Maschine wurde von dem Japaner Shizou Inoue entwickelt. Man legt sich auf den Rücken, die Füße platziert man auf die Maschine und genießt die Wellenbewegungen durch den gesamten Körper. Dabei werden die aus der Akupunktur bekannten Meridian-Energien harmonisiert und Energieblockaden aufgelöst. Die Atmung wird langsamer und trotzdem gleichzeitig die Sauerstoffzufuhr erhöht. In dieser Tiefenentspannung hat man eine außergewöhnlich harmonische Schwingung, die eine schnellere Manifestation unserer Wünsche begünstigt.

Die Ernte-Methode!
Pro Ernte gut (Apfel, Birne) ... sammle ich
100 Euro ein

14. Bleib unabhängig

Nach den ersten 50 Energie-Verstärkern ist es Zeit für einen kurzen Zwischenstopp, um sich klar zu machen, dass wir unsere innere Unabhängigkeit bewahren sollten.

Unabhängigkeit bedeutet alles." (Oscar Wilde)

Wenn Du irgendetwas haben möchtest, ist die Gewissheit wichtig, auch ohne dieses Wunschobjekt ein glückliches Leben führen zu können. Warum ist das so wichtig? Ganz einfach: Wenn Du ohne dieses Wunschobjekt nicht glücklich sein kannst, dann wirst Du Dein Leben lang in Angst leben, es nicht zu haben oder, falls Du es hast, es zu verlieren. Mit der Schwingung der Angst holst Du Dir aber nur den Angst machenden Zustand ins Leben.

Wenn man sein Glück von IRGENDETWAS abhängig macht, dann läuft man diesem Etwas hinterher, klammert sich daran und lässt es nicht mehr los. Ist man aber von NICHTS abhängig, dann bekommt man alles, was man sich in aller Ruhe und Unabhängigkeit wünscht. Wahres Glück kommt immer von innen und bedarf keiner Gegenstände, Beziehungen oder Menschen in der Außenwelt.

„Wer nicht mit dem zufrieden ist, was er hat, der wäre auch nicht mit dem zufrieden, was er haben möchte." (Berthold Auerbach)

"Manifestation, das Wünschen von etwas ist ein Ziel. Aber das Ding ist, überhaupt kein Ziel zu haben, sondern Frieden und Liebe zu leben, zu fühlen, zu geben. Dann fällt alles dahin, wo es hin soll." (Heather Macauley)

Und weiter geht's:

DIE SONNENBAD - Methode

Sonnenlicht sowie Sonnenwärme werden von den meisten Menschen als etwas Positives angesehen. Das ist eine gute Voraussetzung, um daraus einen Energie-Verstärker zu machen. Jedes Mal, wenn ich ein Sonnenbad nehme, stelle ich mir in meiner Phantasie vor, wie ich in gleißendes, glücklich machendes Licht eintauche, welches sich wie eine Art schützende Kugel um mich herum bildet und mich gänzlich durchflutet. In meiner Vorstellung leuchte ich wie eine Sonne und die angenehme Wärme reinigt meine Gedanken. Negative Gedanken werden in positive verwandelt, während die positiven Gedanken noch positiver werden. Natürlich kann man sich das Licht auch ohne Sonne visualisieren, aber viel realistischer für das Unterbewusstsein ist diese Methode, wenn man die Sonnenstrahlen fühlen kann.

DIE MEDITATIONS – Methode

Durch eine tiefe Meditation erreicht man nach regelmäßigem Üben absolute Gedankenleere im Kopf. Nun wird sich manch einer fragen, wie man damit seine Wünsche verwirklichen kann. Die Antwort ist simpel. Worum geht es beim Wünschen? Um die richtige Schwingung. Und wann klappt es mit dem Wünschen nicht so gut? Wenn man innere Widerstände in sich hat, die durch negative Gedanken zustande kommen. Da es unser natürlicher Zustand ist, eine hohe, glückliche Schwingung auszusenden, ist es also wichtig, diesen Zustand wieder herzustellen. So wie ein mit Helium gefüllter Ballon ganz automatisch in die Luft steigt, wenn man ihn loslässt, so steigt auch unsere Schwingung ganz natürlich an, wenn wir negative Gedanken loslassen. In einem meditativen Zustand der Gedankenleere existieren keine negativen Gedanken und somit auch keine inneren Widerstände, und unsere Schwingung kann ungehindert ihren Weg gehen. Es gibt viele Meditationstechniken. Ich bevorzuge verschiedene Ki- sowie Yoga-Meditationsübungen.

DIE HANDCREME - Methode

Als ich mich vor Jahren am linken Ringfinger verbrannte, trug ich dreimal täglich Brandsalbe auf die Wunde auf. Ich tat dies im festen Glauben, dass die Brandsalbe meine Schmerzen lindern und meinen Finger wieder gesund machen würde. Das Vertrauen in die Wirkstoffe der Brandsalbe war sehr hoch und so kam es, dass mein Finger innerhalb kürzester Zeit wieder gesund war. In meinem Kopf drehten sich in der Folgezeit meine Gedanken darum, wie ich daraus einen Energie-Verstärker machen kann. Ich konnte mir ja schlecht einmal pro Monat absichtlich den Finger verbrennen. Dann kam mir ein Einfall: Es gibt viele Menschen, die aufgrund von trockener Haut Feuchtigkeitscreme für ihre Hände benutzen, so wie ich. Ich ließ Aufkleber anfertigen mit der Aufschrift „Für ein gesundes Leben" und brachte diesen auf den Deckel meiner Feuchtigkeitscreme an. Da ich die Creme mehrmals täglich benutze, werde ich immer wieder mit der Aufschrift auf dem Aufkleber konfrontiert, die mir sagt: „Jedes Mal, wenn Du die Creme aufträgst, nimmst Du Gesundheit zu Dir." Das regelmäßige Benutzen der Feuchtigkeitscreme sorgt für ein regelmäßiges Erinnern daran, dass man gerade etwas für seine Gesundheit tut. Da Aufmerksamkeit auch Energie ist, bedeutet dies, dass man seine Gesundheit energetisch stärkt.

DIE T – SHIRT - Methode (S-4)

Ich habe mehrere T-Shirts mit positiven Affirmationen bedrucken lassen. Diese T-Shirts trage ich täglich, ob bei der Arbeit, in meiner Freizeit und auch nachts, wenn ich schlafe – oft auch unter einem Hemd oder Pullover. Da ich jeden Tag ein solches T-Shirt anziehe, befasst sich auch mein Unterbewusstsein täglich damit. Ich stelle mir dabei immer vor, dass ich das „Glück", die „Gesundheit" oder den „finanziellen Reichtum" berühre, auf meinem Körper spüre, direkten Kontakt habe. Ich nehme diese Energie in mir auf.

DIE TÄTOWIERUNGS - Methode (oder HENNA - Methode) (S5)

Eine in meinen Augen noch tiefer gehende Methode als die T-Shirt-Methode, ist die sogenannte Tätowierungs-Methode. Die positive Affirmation oder ein „Wunschbild" wird nicht auf ein T-Shirt gedruckt, sondern sie ist als Tätowierung ein Teil unseres physischen Körpers und somit ein Teil von uns. Bei jedem Blick in den Spiegel ist die Affirmation oder das Bild, je nachdem an welcher Körperstelle sie/es sich befindet, zu sehen und wirkt auf das Unterbewusstsein ein. So könnte man sich beispielsweise verinnerlichen, dass die Tätowierung als eine Art Schutz dient oder für ein lebenslanges Glück sorgt. Henna Farbe bietet die gleiche Möglichkeit, wie eine gestochene

Tätowierung. Das ausgewählte Motiv wird mit Henna Farbe, die aus den Blättern der Hennapflanze hergestellt wird, mit einem Pinsel oder Holzstift auf die Haut aufgetragen. Wie lange das Henna Tatoo auf der Haut bleibt, hängt davon ab, an welcher Körperstelle es sich befindet und wie oft man sich wäscht. Es kann zwischen einigen Tagen und sechs Wochen halten. Der Vorteil liegt darin, dass nach der Wunscherfüllung einfach ein anderes Motiv aufgetragen werden kann. Ein Blick auf sein Henna Tatoo macht den Wunsch greifbarer, denn er befindet sich auf unserem Körper, gehört also zu uns und für das Unterbewusstsein ist der Wunsch dadurch fühlbarer. Ich persönlich habe positive Erfahrungen mit der Henna-Methode gemacht.

DIE HAUSTIER - Methode 1

Wer wünscht sich nicht mehr Geld, welches zu einem ins Leben kommt? Am liebsten wäre es uns allen doch, wenn wir einfach nur „Geld“, „Money“ oder „Reichtum“ rufen müssten und das Geld würde zu uns eilen. Nun, *eine* Methode eignet sich ganz besonders dazu, unseren Glauben daran zu festigen, dass das Geld ganz selbstverständlich zu uns kommt wenn wir es uns wünschen: nämlich die sogenannte Haustier – Methode (1). Wenn Du einen Hund oder eine Katze hast, oder mit dem Gedanken spielst, Dir welche anzuschaffen, dann solltest Du Dir etwas ausdenken, womit Du die Tiere mit dem Ruf „Geld“ oder „Money“ zu Dir kommen lässt. Wenn Du Dir die Tiere erst vor Kurzem angeschafft hast, dann kannst Du ihnen den Namen „Geld“ oder „Money“ geben. Wenn Du die Tiere bereits längere Zeit hast und sie andere Namen haben, dann bringe ihnen bei, zu Dir zu kommen, sobald Du „Geld“ oder „Money“ rufst.

DIE HAUSTIER – Methode 2

Ein Bekannter von mir hat einen sprachbegabten Vogel (Papagei), dem er positive Affirmationen beigebracht hat. Wenn der Vogel Lust hat zu reden, dann wiederholt er die positiven Affirmationen, die ihm mein Bekannter beigebracht hat. Während des Essens, während er vor dem Computer sitzt und arbeitet und während er gemütlich im Sessel ein Buch liest. Ständig bekommt er von seinem Papageien zu hören, dass er „erfolgreich“, „kerngesund“ und „beliebt“ ist.

DIE GLÜCKSMOMENT - Methode

Immer, wenn Du gerade glücklich bist, solltest Du dieses Gefühl so bewusst wie möglich in Dir aufnehmen, denn auf diese Weise verstärkst Du es. Erinnere Dich bei dieser Gelegenheit auch gleich an Situationen in Deinem Leben, in denen Du ähnliche Gefühle hattest. Du weißt ja, dass Dein Unterbewusstsein zu jedem Deiner Wünsche ein Gefühl benötigt. Denn nur durch das Gefühl ist das Unterbewusstsein in der Lage, zu verstehen, um was es bei der Wunscherfüllung geht (nämlich um glücklich zu sein). Es ist absolut erforderlich, dass sich Dein Wunsch mit einem Gefühl tief in Dir drin verbindet. Wenn Du das Gefühl in Dir abspeicherst, dann mache die Augen zu, horche in Dich hinein und stell fest, wo in Deinem Körper sich das Glücksgefühl am intensivsten anfühlt (bei mir ist es meistens in der Bauchgegend), damit Dein Unterbewusstsein es bei Bedarf schnell reaktivieren kann. Wie fühlt es sich an, welche geistigen Bilder entstehen gerade in Deinem Kopf, welche Geräusche und Gerüche, welche Farben und welchen Geschmack bringst Du damit in Verbindung? Je definierter das Gefühl, desto besser kann man es sich einprägen. Als nächstes berühre mit Deinen Händen diese Stelle und sprich zehnmal hintereinander eine Art Glückserkennungssatz wie z. B.: "Ich bin total happy." Es wird Dir durch diese Methode wesentlich leichter fallen, beliebig oft in diesen Glückszustand zu wechseln. Bei mir reicht es oft, wenn ich eine meiner Katzen oder beim Reiten eines der Pferde meiner Freundin streichle, und dann den Glückserkennungssatz laut ausspreche. Du kannst diese Methode überall anwenden: Im Wartezimmer eines Arztes, in der Warteschlange im Kaufhaus oder während der Arbeit. Natürlich kannst Du Deinen Glückserkennungssatz auch nur in Gedanken aussprechen.

DIE IMPF – Methode

Ich war beim Zahnarzt und bekam eine Narkosespritze verabreicht. Eine unangenehme Prozedur, also setzte ich meine Phantasie ein, um daraus eine angenehme Situation zu schaffen. Ich stellte mir vor, dass ich bei einer Art „Glücksarzt" war und dass ich mich gerade auf Glück und Gesundheit impfen lasse, die Zahnarztlampe wurde in meiner Phantasie zu einer brennenden Kerze. Mir kam sofort der Gedanke, daraus einen Energie-Verstärker zu machen. Ich stellte mir vor, dass jedes Mal, wenn ich eine Spritze verabreicht bekomme oder ein heilpflanzliches Mittel einnehme, meine Glücksschwingung einen Quantensprung nach oben macht. In meiner Phantasie wurde ich quasi „positiv aufgeladen“. Und da wir alle menschliche Magnete sind, so mein Gedanke, ziehe ich nun mit meiner positiven Energieladung noch mehr Positives an. Besonders effektiv war dieser Energie-Verstärker dieses Jahr, weil ich gleich zu Beginn des Jahres beim Zahnarzt war und meine „Impfung positiver Energie“ erhielt. Das verstärkte meinen Glauben, dass ich für das gesamte Jahr 2009 nur noch positiv schwinge und Positives in mein Leben ziehe.

DIE SCHOCK – Methode (60)

In schockartigen Situationen erhöht sich die Wahrnehmung des Menschen um das 44fache. Ich überlegte mir, wie ich diese Tatsache für meine Wunscherfüllungen nutzen konnte. Nach einer Weile erstellte ich mehrere Wunschbilder, auf denen ich zusammen mit einem meiner begehrten Wunschobjekte abgebildet war. Ein guter Freund wählte für die sogenannte Schock – Methode ein Bild aus, welches er mir vorher, wie abgesprochen, nicht zeigte. Ich setzte mich mit geschlossenen Augen vor das Bild und hielt mir mit den Händen Mund und Nase zu. In diesem Zustand hielt ich es so lange wie möglich aus. Das Gefühl des Erstickens machte sich breit und irgendwann hielt ich es ohne Luft nicht mehr aus. Ich öffnete die Augen und ließ von Mund und Nase ab, so dass ich wieder frei atmen konnte. Und als ich die Augen öffnete, fiel mein Blick planmäßig sofort auf das Wunschbild, welches sich direkt vor mir befand. Obwohl ein echter Schock natürlich viel „heftiger“ ausfällt, schaffte es auch diese Methode, meine Wahrnehmung zu erhöhen, so dass sich das Wunschbild mühelos in mein Unterbewusstsein grub. Da es kein echter Schock ist, entwickelt man auch keine „Angstschwingung“.

DIE MARKEN - Methode (61)

Jede Weltmarke hat einen eigenen Werbeslogan, der sich gut merken lässt. Ich beschloss meine eigene Marke zu werden, nämlich eine, die Selbstbewusstsein und Unabhängigkeit ausstrahlt. Mein

Slogan, den ich als Schlüsselanhänger stets bei mir habe, lautet: „Ich erschaffe mein glückliches Leben." Und wie jede andere Marke stehe auch ich zu meinem Slogan. Ich werde meinem Slogan gerecht, indem ich mir immer wieder verinnerliche, dass jeder einzelne Gedanke zählt, dass jedes Gefühl weitreichende Folgen hat. Und da ich mir das immer wieder vergegenwärtige, sorge ich bewusst dafür, dass es positive und angenehme Folgen sind. Da mein Slogan ständig mit mir unterwegs ist, fällt es mir leicht, kontinuierlich an ihn zu denken. Natürlich braucht man für diese Methode nicht unbedingt einen Schlüsselanhänger. Man kann sich seinen Slogan auch auf einen Armreif, einen Ring oder auf einem Amulett, welches man als Halskette trägt, gravieren lassen. Auf die Innen- oder auf die Außenseite, komplett ausformuliert oder als Sigille.

DIE TALISMAN – Methode

Jeder Mensch, der einen Glücksbringer mit sich trägt und an seine Glück bringende Wirkung glaubt, wird eine höhere Schwingung entwickeln. Was der Talisman auch ist - ein Stein, eine Kette oder ein Kreuz - spielt überhaupt keine Rolle. Wichtig ist ausschließlich der Glaube des Menschen an die Kraft seines Glücksbringers. Der Träger des Talismans fühlt sich sicherer, behüteter und erfolgreicher. Ist der Glaube an einen Talisman besonders stark ausgeprägt, bietet es sich an, diesen bei einer „Wunschbestellung" dabei zu haben und somit seine Schwingung um ein Vielfaches zu erhöhen. Wenn ich täglich imaginiere oder Affirmationen laut spreche, dann halte ich einen Stein in der Hand, der mittlerweile ein fester Bestandteil dieser Prozedur geworden ist. Der Stein ist an sich nichts Besonderes, aber ich habe ihn bereits seit mehreren Jahren und er markiert die Wende zum Positiven in meinem Leben. Als ich vor Jahren mit der bewussten Anwendung des Gesetzes der Anziehung begann, da hatte ich diesen Stein bei mir. Meine erste Affirmation sprach ich, während ich diesen Stein in Händen hielt. Immer wenn ich diesen Stein in Händen halte, denke ich ganz automatisch an Glück und Erfolg in meinem Leben, ich kann dann gar nicht anders. Er hat einen Stammplatz in meiner Jackentasche und ich halte ihn oft fest, wenn ich im Wartezimmer beim Arzt sitze oder mit der Bahn unterwegs bin.

DIE AMULETT - Methode

Du kannst Dir auch einen eigenen Talisman schaffen. Ich habe dies in Form eines Amuletts getan, welches sich aus Kerzenwachs herstellen lässt: Lasse flüssiges Kerzenwachs in eine leere Teelichthülle fließen, bis es gefüllt ist. Während des Füllens spreche Deinen Wunsch mehrfach aus. Du kannst das Ganze auch mit Duftöl verfeinern. Als nächstes schneidest Du die Teelichthülle etwas ein und entfernst sie, solange das Wachs noch warm und formbar ist. Das Amulett kann nun nach Belieben geformt und mit Symbolen versehen werden. Du kannst daraus den Namen Deines Wunschobjektes formen oder sein Emblem (z. B. bei einem Wunsch nach einem Auto). Für alle, die es ritueller mögen: Im weichen Zustand durchstechen (Stricknadel), Kordel durchziehen und gut sichtbar aufhängen. Die ganze Angelegenheit verlangt zwar etwas Geschick, ist aber absolut lohnenswert.

DIE FLASCHENPOST – Methode

Viele Menschen haben keine Probleme bezüglich ihrer Zielklarheit und der Überzeugung, dass der Wunsch bald erfüllt wird, können den Wunsch aber (gedanklich) nicht wirklich loslassen. Setzen wir den Wunsch mit einer Bestellungs-E-Mail gleich, ist es nicht weiter verwunderlich, dass unsere Wunschlieferung nie zu uns kommt, denn wir haben die E-Mail ja nie losgelassen, nie gesendet, nie abgeschickt. Wenn wir einen Wunsch gedanklich nie loslassen, kann er auch nie in Erfüllung gehen. Das müssen wir aber, wenn wir unsere Wünsche Wirklichkeit werden lassen wollen. Auch ich kenne diese Problematik und mir half es sehr, als ich meinen Wunsch aufschrieb, den Wunschzettel danach in eine leere Flasche steckte und diese in einen Fluss warf, oder alternativ ins Meer (während des Urlaubs z. B., da man in Urlaubszeiten meistens wesentlich entspannter ist und höher schwingt). Damit verdeutlicht man sich selbst noch einmal, dass sich der Wunsch nun auf dem Weg der Erfüllung befindet und man nicht mehr an ihm kleben bleiben soll. Durch diese materielle Handlung war für mich und mein Unterbewusstsein klar, dass ich den Wunsch losgelassen habe und mich wieder anderen Dingen widmen konnte, in dem beruhigenden Gefühl, dass alles so sein wird, wie ich es will.

DIE BALLON – Methode

Alternativ zur Flaschenpost-Methode eignet sich auch die Ballon-Methode. Anstatt den Wunschzettel in eine Flasche zu stecken, bindet man ihn an einen mit Helium gefüllten Ballon und lässt ihn davon fliegen. Der Effekt auf das Unterbewusstsein ist derselbe.

DIE QUELLWASSER - Methode

Diese Methode stammt aus dem Teil Ex-Jugoslawiens, in dem meine Familie lebte. Meine Großeltern kannten sie beide. Wenn man sich etwas wünscht, geht man an einen Ort, dem eine Quelle entspringt und spricht seinen Wunsch in die Hand. Danach hält man seine Hand in das reine Quellwasser. Dadurch gelangt der Wunsch von der Quelle in den Strom und macht sich auf den Weg, um sich zu verwirklichen. Diese Methode kann dabei helfen, sich innerlich nicht mehr am Wunsch festzuklammern.

DIE GEBEN - Methode

„Was Du gibst, bekommst Du zurück", lautet das kosmische Naturgesetz der Anziehung. Die meisten reichen Menschen spenden ihr Geld für wohltätige Zwecke, und sie bleiben weiterhin reich und erfolgreich. Es ist also wichtig, nicht nur sich etwas zu wünschen und sich etwas zu nehmen, sondern auch zu geben. Allerdings nur, wenn man von Herzen gibt. Man sollte niemals aus purer Berechnung etwas verschenken, in der stillen Hoffnung, dafür etwas Größeres zurück zu erhalten. Das Gesetz der Anziehung lässt sich nicht täuschen. Wenn Du etwas gibst, dann bitte aus Herzensgüte, weil Du wirklich jemandem etwas geben WILLST. Immer, wenn Du jemandem etwas gibst, um ihm eine Freude zu machen, wirst Du Dich dabei glücklich fühlen, was wiederum bedeutet, dass Du glücklich schwingst. Und durch Deine glückliche Schwingung bekommst Du Glück zurück. Wenn ich meiner Lebenspartnerin ein Geschenk mache, dann tue ich das nicht, weil ich erwarte, von ihr etwas zurück zu erhalten. Nein, ich mache es aus Liebe. Und dadurch kommt Liebe zu mir zurück. Wenn man Dir also etwas anbietet, dann lehne es nicht ab, sondern nimm es dankbar an, da alles, was Du erhältst, immer das Ergebnis von etwas ist, was Du mal gegeben hast. Du kannst nichts bekommen, wenn Du vorher nicht etwas gegeben hast. Ursache-Wirkung, nicht vergessen. Dabei muss es gar nicht mal etwas Materielles gewesen sein, was Du gegeben hast, es kann auch Liebe, menschliche Wärme oder Hilfe in Form von körperlicher Arbeit gewesen sein. Aber wenn Du jemandem dadurch eine Freude gemacht hast, bekommst auch Du Freude in irgendeiner Form zurück.

DIE GLEICHSETZUNGS - Methode

Oft fällt es mir auch schwer, mich innerlich von der Erfüllung eines bestimmten Wunsches zu überzeugen. In solchen Fällen gilt wieder das Sprichwort „Steter Tropfen höhlt den Stein", aber oft hilft auch folgende Methode, um sich schneller selbst zu überzeugen. Ich imaginiere, dass morgen um acht Uhr morgens mein Wecker klingelt. An dieser Imagination besteht überhaupt kein Zweifel, weil es immer so ist. Dann setze ich diese Imagination mit dem Wunsch gleich, an dessen Erfüllung ich noch nicht so recht glauben mag. Indem ich diese beiden Dinge zusammen setze, übertrage ich etwas von dem Gefühl der Sicherheit bezüglich meiner Imagination mit dem Wecker auf den Wunsch, der mit Zweifeln behaftet ist, und schon werden die Zweifel schwächer.

DIE MACHTDEMONSTRATIONS – Methode

Je stärker der Glaube an die eigene Fähigkeit vollendete Tatsachen zu schaffen, desto eher kommt es zur Manifestation unserer Wünsche. Um meinen Glauben darauf einzustimmen, wie machtvoll ich im Grunde bin, habe ich folgende Methode ausprobiert: Mein Ziel war eine bestimmte Summe Geld. Bevor ich meine täglichen Affirmationen begann, wollte ich zunächst meine innere Überzeugung an meine Macht, Dinge „wahr zu machen" festigen. Ich sprach also mehrere Male die Affirmation: „Ich wünsche mir etwas zu essen." Nach der Übung ging ich in die Küche und aß etwas. Mein Unterbewusstsein erkannte sofort: Es wurde etwas Bestimmtes gewünscht und der Wunsch ist schon kurze Zeit später in Erfüllung gegangen. Was der Goran sich vornimmt, das erreicht er also auch. Danach sprach ich die Affirmation: „Ich wünsche mir ein warmes Bad zu nehmen." Gesagt - getan. Ich beendete die Übung und nahm ein warmes Bad. Und wieder war die Sache für mein Unterbewusstsein eindeutig: Ich wünschte mir etwas Bestimmtes und schon kurz darauf wurde es wahr. Solch eine „Machtdemonstration“ hat eine immense Wirkung, denn dem Unterbewusstsein wird demonstriert, dass alles, was man sich wünscht, in Kürze wahr wird. Die innere Überzeugung bzw. der Glaube wachsen dadurch erheblich an. Diese Prozedur wiederholte ich mehrmals hintereinander, bis ich schließlich meinen „echten“ Wunsch in Form einer Affirmation aussprach. Ergänzend fügte ich am Ende dieser Affirmation noch hinzu: „Dieser Wunsch geht ebenso in Erfüllung wie der Wunsch nach einem warmen Bad.“

DIE SPRACH - Methode 70

Worte sind für gewöhnlich die Hüllen unserer Gedanken und Gefühle. Sie drücken in Form von Geräuschen oder geschrieben Texten das aus, was in uns gerade vorgeht, was wir wollen und wie wir uns fühlen. Wenn man eine positive Grundschwingung erreichen will, sollte man sich vornehmlich darauf konzentrieren, auch positiv zu denken, fühlen, sprechen und schreiben. Das gesprochene Wort ist in meinen Augen intensiver als nur etwas Gedachtes, deshalb sind Affirmationen so wirkungsvoll. Darum sollte man sich einen Sprachschatz angewöhnen, der immer nur das Positive zum Ausdruck bringt, nie das Negative. Aus einem „Problem“ wird eine „Herausforderung“, aus „Das geht nicht“ wird ein „Das geht noch nicht“ und aus „Krise“ wird „Lebenserfahrung“. Achte auf Deine Worte, denn sie werden zu Handlungen und diese wiederum zu Deinem Leben.

DIE SANDUHR - Methode 71

Immer, wenn ich mir etwas wünsche, stelle ich mir in meiner Phantasie vor, wie der Wunsch aus der Gedankenwelt durch eine Art schmalen Tunnel in die Außenwelt gelangt. Er braucht dafür eine bestimmte Zeit, aber früher oder später ist er ganz durch und kommt zu mir. Ich weiß nicht, ob Du Dir das auch so vorstellst, lieber Leser, aber aus irgendeinem Grund ist dies bei mir der Fall. Für meine Affirmationsübungen kaufte ich eine Sanduhr. Ich stellte sie vor mich hin und sah, wie die Sandkörner von einer Seite auf die andere Seite durchrieselten. Meine Affirmation war Folgende: „So, wie der Sand von einer Seite auf die andere Seite gelangt, kommt mein erfüllter Wunsch aus der Mentalwelt zu mir.“ Dadurch, dass ich während meiner Affirmationsübung ständig auf die Sanduhr sehe, bin ich wesentlich überzeugter, dass mein Wunsch bald zu mir gelangt.

DIE GELDSCHEIN – Methode 1

Fast ein jeder kennt die „klassische“ Methode, einen Geldschein über sein Bett an der Decke zu befestigen. Der ständige Blick auf den Schein, besonders kurz vor dem Einschlafen, hat eine besonders starke Wirkung auf unser Unterbewusstsein. Kurz vor dem Einschlafen, wenn man bereits im Halbschlaf ist, sollte man sich in der Liegeposition befinden, dass der Geldschein an der Decke wahrgenommen wird. Man kann Geldscheine auch überall in der Wohnung aufhängen (im Badezimmer neben dem Spiegel, im Wohnzimmer neben dem Fernseher, im Arbeitszimmer neben dem Computer…). Durch die ständige „Konfrontation“ mit Geld habe ich ein natürliches, freundschaftliches Verhältnis zu Geld aufgebaut.

DIE GELDSCHEIN – Methode 2

Ebenso kann man einen 100 Euro-Geldschein immer bei sich herumtragen, ihn aber niemals ausgeben. Dadurch suggeriert man seinem Unterbewusstsein, dass man dieses oder jenes kaufen kann, wenn man es nur will. Wenn man an einem Tag 100 Dinge sieht, die genau 100 Euro oder weniger kosten, suggeriert man seinem Unterbewusstsein, dass man in der Lage ist, sich an einem einzigen Tag Dinge im Wert von 10.000 Euro zu leisten (100 Dinge X 100 Euro). Natürlich kann man diese Methode auch mit anderen Geldscheinen nutzen.

DIE GELDMÜNZEN - Methode

Bei der dritten Variante sollte man sich ein oder zwei Geldmünzen in den Schuh legen. Während man unterwegs ist, erinnern die harten Gegenstände uns während des Gehens ständig ans Geld. Und wieder wird unser Unterbewusstsein ständig mit Geld konfrontiert bzw. dass man Geld besitzt.

DIE BARGELD-Methode

Wann immer ich einkaufen gehe, bezahle ich grundsätzlich niemals mit EC-Karte oder Kreditkarte, sondern immer nur mit Bargeld. Jedes Mal, wenn ich in vor einer Kasse stehe und das Bargeld dem Kassierer gebe, stelle ich mir vor, wie das Geld doppelt, dreifach und vierfach zu mir zurückkehrt. Meine innerlich ausgesprochene Affirmation lautet dann: „Komm bald wieder, liebes Geld, denn ich meine es gut mit Dir. Bring das nächste Mal alle Deine Verwandten und Freunde mit, denn bei mir habt ihr es gut und ich liebe und wertschätze Euch sehr."

DIE PFLANZEN - Methode

Eine weitere Methode, um mein Unterbewusstsein in Bezug auf ein Leben in finanziellem Überfluss zu stimulieren, ist folgende: Ich habe mir eine Topfpflanze gekauft, die meinem Geschmack entsprach. Ich kaufte mir bewusst keine Pflanze mit Dornen oder gar einen Kaktus, weil diese Pflanzen mir persönlich ausladend statt einladend erscheinen. Wenn jemand aber nur Positives mit Kakteen und Dornen behafteten Pflanzen verbindet, so sollte er sich in diesem Falle einfach von seinen Gefühlen leiten lassen. Ich nahm dann mehrere Geldmünzen, wickelte diese in ein Tuch und grub sie in die Blumenerde ein. Diese Pflanze bekam einen Stammplatz in der Nähe meines Schreibtisches, so dass ich sie während meiner Arbeit ständig im Blick hatte. Jedes mal, wenn ich die Pflanze begoss, suggerierte ich meinem Unterbewusstsein damit, dass mein „Schatz" oder „Samen des Reichtums" ebenso wie die Pflanze wächst. Jedes Begießen mit dem Wasser bedeutet auch die Aufmerksamkeit auf den Wunsch des finanziellen Überflusses zu richten. Das Wasser sorgt dafür, dass die Pflanze wächst, während meine Aufmerksamkeit meine Manifestation wachsen lässt.

DIE GELD-SPIEGEL - Methode

Als ich mich mit einem Versandhandel von Unterhaltungselektronik selbstständig machte, bekam ich über Beziehungen seitens meiner Lebensgefährtin einen fünfstelligen Kredit bei einer Bank. Ich hob dieses Geld am Gründungstag meiner Firma von meinem Bankkonto ab und ging damit nach Hause. Natürlich wünschte ich mir mit meiner Firma viel Geld zu verdienen – viiieeel mehr, als ich gerade in Händen hielt. Am besten gleich ein paar Millionen. Aber ich merkte, dass mein Unterbewusstsein trotz intensiver Imagination mit dieser Vorstellung nicht viel anfangen konnte, da ich ihm nicht vermitteln konnte, wie sich ein paar Millionen Euro emotional anfühlen. Also beschloss ich wunschmäßig erst einmal im fünfstelligen Bereich zu bleiben. Ich legte den abgehobenen Kredit auf einen Tisch, sah mir das Geld an und imaginierte, dass ich mir innerhalb meines ersten Monats den doppelten Betrag wünsche. Dazu nahm ich einen großen Spiegel und positionierte ihn auf den Tisch, so dass er das Geld spiegelte. Nun hatte ich es bedeutend leichter, da der Geldbetrag sich vor meinen Augen verdoppelte. Man kann diese Methode natürlich auch mit mehreren Spiegeln anwenden.

78

DIE KONTO - Methode

Ein Freund sendet mir jeden Tag eine E-Mail zu, in der steht: „Sehr geehrter Herr Kikic, wunschgemäß haben wir Ihnen am heutigen Tage, den XX.XX 2009, den vereinbarten Betrag in Höhe von XXXX Euro überwiesen." Das schreibe ich in mein Buchhaltungsprogramm. Danach suche ich im Internet oder in Katalogen nach etwas, für das ich mein Geld ausgeben kann. Erinnern wir uns daran, dass das Unterbewusstsein nicht zwischen vorgestellten und realen Ereignissen differenziert. Durch diese Methode wird ein „Reichtumsbewusstsein" aufgebaut, während das sofortige „Geld ausgeben" unsere Wunschklarheit fördert.

DIE KASSENBUCH – Methode

Diese Methode ist für alle, die keinen Computer (kein Buchhaltungsprogramm) haben: Schreibe jeden Tag in ein Kassenbuch, Du hättest eine bestimmte Summe Geld als Zahlungseingang verbucht (zwischen 500 und 5000 Euro). Damit baust Du ein Reichtumsbewusstsein auf, durch das Du unbewusst Geld in Dein Leben ziehst. Danach notierst Du ins Kassenbuch, wofür Du das Geld (und zwar alles) ausgegeben hast. Es ist oftmals gar nicht so leicht, einen großen Betrag Geld jeden Tag, mehrere Monate oder Jahre lang auszugeben.

DIE BETTWÄSCHE - Methode

Mal ganz ehrlich: Wer würde nicht gerne in Geldscheinen liegen? Bis es soweit ist, dass man genug Geld dafür zur Verfügung hat, kann man seinem Unterbewusstsein die Vorstellung einprogrammieren, dass es bereits der Fall ist. Sich alles nur gedanklich vorstellen ist sicherlich ein guter Anfang, aber mir reichte es nicht, so dass ich meiner Phantasie einen Schubs gab, indem ich mir Bettwäsche mit Euro-Symbolen und Geldscheinen kaufte. Allein schon der Blick auf die Bettwäsche, kurz vor dem Schlafengehen, erzeugt in mir ein Gefühl der Freude. Wenn ich mich ins Bett lege, ist das Gefühl um ein Vielfaches stärker und ich sehe mich bereits in Gedanken im eigenen Geldspeicher a la Dagobert Duck. Unser Unterbewusstsein ist nicht in der Lage, vorgestellte und reale Ereignisse zu trennen, so dass jedes Hilfsmittel, welches unsere Phantasie und das Gefühl der Freude beflügelt und intensiviert, eine unbezahlbare Hilfe ist. Unser innerer Kritiker ist im Wachzustand am meisten aktiv, aber kurz bevor man einschläft ist er fast ganz stumm. Lege ich mich also ins Bett und erfreue ich mich an dem Gefühl, gerade von sehr viel Geld umgeben zu sein, welches mir gehört, und schlafe dann ein, ist der Widerspruch meines inneren Kritikers kaum noch zu vernehmen. Ich schlafe mit dem herrlichen Gefühl ein und mein Unterbewusstsein kann damit arbeiten, während ich mit einem seligen Lächeln im Gesicht im Land der Träume bin. Und wenn ich am nächsten Morgen aufwache, ist es genau dasselbe Spiel. Der innere Kritiker ist noch schlaftrunken und nicht voll bei der Sache, während mein Unterbewusstsein registriert: „Aaaach, stimmt ja, ich habe inmitten vieler Geldscheine geschlafen.“ Und ehe der innere Kritiker zu Wort kommen kann, bin ich schon aufgestanden und praktiziere den nächsten Energie-Verstärker. Damit die Wirkung durch immer dieselbe Prozedur mit der Zeit nicht nachlässt, habe ich mir gleich noch zwei weitere Bettwäsche-Sets mit unterschiedlichen Geldmotiven gekauft.

DIE GLASROHR - Methode

Nachdem ich meinen Wunsch zu Papier gebracht habe, rolle ich meinen Wunschzettel zusammen und stecke ihn in ein Glasröhrchen (z. B. in ein Reagenzglas). Dieses wiederum binde ich mit einem Faden an meine Tischlampe, welche sich auf meinem Arbeitstisch befindet. Da ich täglich an meinem Arbeitstisch tätig bin, sehe ich das Glasröhrchen mit meinem Wunschzettel darin und erinnere mich an ihn. Ich kann mich aber oft nicht mehr an den genauen Wortlaut erinnern, was auch ganz gut ist, da ich mich bewusst gar nicht viel damit beschäftigen will. Der Hintergedanke bei der ganzen Geschichte ist für mich der, dass ich täglich an meinen Wunsch erinnert werde, weil das Glasrohr vor meinen Augen hängt, ich mich damit aber bewusst nicht befasse, unterbewusst aber sehr wohl. Ich tippe das Glasröhrchen an und weiß, dass mein Wunsch bald erfüllt wird. Durch das Antippen bleibt der Wunsch in meinem Unterbewusstsein wach bzw. beschäftigt sich mein Unterbewusstsein mit ihm.

DIE GRUPPENWUNSCH - Methode

Je stärker eine Wunschschwingung, desto eher manifestiert sich der Wunsch. Es gibt die Möglichkeit, die Wunschschwingung zu verstärken, indem man in einer Gruppe den gleichen Wunsch los sendet. Voraussetzung dabei ist natürlich, dass alle in der Gruppe exakt denselben Wunsch haben. Wenn beispielsweise zwei oder mehrere Menschen an einem gemeinsamen Projekt gearbeitet haben, dann ist es für gewöhnlich der Wunsch jedes Einzelnen, dass dieses Projekt ein Erfolg wird. Als Beispiel könnte man eine Fußballmannschaft nehmen, in der die Spieler, der Trainer und der Manager sich alle die Meisterschaft wünschen. Nachdem man absolut sicher ist, dass alle Beteiligten exakt denselben Wunsch haben, kann man gemeinsam eine Affirmation laut sprechen. Ich habe diese Methode bisher dreimal ausprobiert. Die besten Ergebnisse hatte ich, als wir uns zu viert im Kreis aufgestellt und uns an den Händen festgehalten haben. Dann folgte etwa eine halbstündige Meditation mit anschließenden laut gesprochenen Affirmationen.

DIE SCHAUSPIEL - Methode

Während meiner Schulzeit war ich in einer Theater–„AG“ (Arbeitsgemeinschaft), die mir großen Spaß bereitete. Jahre später bat mich ein Bekannter um einen Gefallen: Er hatte in einigen Tagen ein außerordentlich wichtiges Vorstellungsgespräch bei einem Unternehmen und bat mich so zu tun, als sei ich der Personalchef der betreffenden Firma. Ich sollte ihm ein paar Fragen stellen und ihm nach unserer Schauspiel-Show sagen, was ich von seinem Auftreten und seinen Antworten halte. Aus diesem Spiel entwickelte sich ein Energie-Verstärker. Wenn ich eine wichtige Tätigkeit zu bewältigen habe oder einen Wunsch manifestieren will, stelle ich mich vor einen Spiegel und absolviere eine Solo-Schauspiel-Show: Ich stelle mir vor, dass ich alles bereits so ausgeführt habe, wie es mir gefällt. Ich imaginiere das gewünschte Endresultat und benehme, denke, fühle, rede und handle dann auch dementsprechend. Dadurch bringe ich meine Schwingung in die gewünschte Frequenz.

DIE BLUMEN - Methode

Als Gartenfan habe ich auch in meinem Garten einen Energie-Verstärker eingesetzt. Ich pflanze mir Jahr für Jahr ein Blumenbeet immer so, dass es den Namen des Urlaubsortes darstellt, welcher als Nächstes auf meiner Wunschliste steht. Man kann alles Mögliche darstellen mit Blumen und Pflanzen, wie man oftmals von den verschiedensten Stadtwappen aus Blumen und Pflanzen kennt. Man kann diese Methode natürlich auch dazu nutzen, um Blumenbeet so pflanzen, um positive Wörter wie Liebe oder Gesundheit bilden. Oder bestimmte Zeichen wie ein Herz oder das Eurozeichen. Ich bekomme es zwar nicht so professionell hin wie ein echter Gartenprofi, aber es reicht, um mein Unterbewusstsein zu stimulieren.

DIE ZEICHNEN – Methode

Ich zeichne für mein Leben gern und habe auch ein gewisses Talent dafür. Wer dies auch von sich behaupten kann, sollte regelmäßig seine geistigen Wunschbilder zeichnerisch und malerisch zu Papier bringen. Völlig egal, ob es sich um Gesundheit, Glück in der Liebe, Geld oder sonst etwas handelt. Wenn man einen Wunsch aufschreibt, ist die Konzentration durch diese Handlung, die nur wenige Sekunden in Anspruch nimmt, wesentlich höher. Stell Dir nur einmal vor, welche Aufmerksamkeit man seinen geistigen Wunschbildern widmet, wenn man sie stundenlang zeichnet und ausmalt.

DIE ORT – Methode

Innerlich bist Du vielleicht schon da, wo Du gerne wärst, was Deine Schwingung erheblich verstärkt. Willst Du Deine Schwingung noch mehr verstärken, dann begib Dich auch äußerlich dahin, wo Du gerne wärst, soweit es in Deinen Möglichkeiten liegt. Gehe dahin, wo Dein Wunschobjekt sich befindet, damit Du Deinem Unterbewusstsein suggerierst, dass Dich nicht „Welten" von Deinem Wunschobjekt trennen. Wenn Du dort bist, sieh Dir Dein Wunschobjekt (z. B. einen Nobelwagen) ganz genau an. Berühre Deinen Wunsch nach Möglichkeit, damit Dein Wunsch Dir nicht länger als Phantasiegebilde vorkommt, sondern als reale Sache. Stelle Dir bei jedem Einatmen vor, wie Du die Energie Deines Wunschobjektes in Dir aufnimmst. Und stelle Dir beim Ausatmen vor, wie Du diese Energie in Deinem Körper verteilst. Nimm die Energie des Ortes, wo Dein Wunschobjekt sich befindet, ebenfalls in Dir auf. Ein guter Freund hat den Wunsch reich zu werden und geht seitdem nicht mehr ins Fast-Food-Restaurant essen, sondern in ein nobles Restaurant im angesehensten Viertel der Stadt. Er hat sich auch in einem Golfverein angemeldet, um in der Nähe reicher Menschen zu sein. Suche auch Du die Orte auf, die Deinem Wunsch entsprechen und nimm die dortige Energie auf.

DIE AUTOFAHRT – Methode

Wie oft und wie lange fahren wir pro Woche mit dem Auto? Die meisten Menschen sehr oft und über einen längeren Zeitraum. Das ist eine perfekte Gelegenheit, um Affirmationen und entspannte Meditationsmusik zu hören. Diese können wir auf eine CD brennen und sie dann, falls ein CD-Spieler im Auto vorhanden ist, abspielen. Ich höre während des Autofahrens meistens positive Affirmationen auf Subliminal-CDs. Subliminal bedeutet „unterschwellig", d. h. die auf diese Weise aufgezeichneten Affirmationen werden vom Gehirn nicht rational erfasst, dafür aber vom Unterbewusstsein wahrgenommen. Gerade während einer Autofahrt, bei der wir auf den

Verkehr achten müssen, eignet sich diese Methode besonders gut, weil bewusstes Hinhören und bewusste Aufmerksamkeit nicht notwendig sind. Oft sind die Subliminals mit entspannender Meditationsmusik, welche man ganz normal hört, gemischt. Sollten wir dem Zug oder dem Bus unterwegs sein, können wir auch ganz normale CDs mit Affirmationen hören. Ich selbst benutze diese Methode, wenn ich auf dem Weg zu einem Geschäftstermin bin. Dann höre ich mir Affirmationen an, die mir ein positives Ergebnis des bevorstehenden Treffens voraussagen. Ein Bekannter von mir nutzt diese Methode auf dem Weg zur Arbeit. Laut seiner Auskunft kommt er seitdem innerlich viel ruhiger und entspannter an seinem Arbeitsplatz an und macht seine Arbeit mit mehr Spaß.

DIE SCHLAF – Methode

Schätzungsweise ein ganzes Drittel unseres Lebens verbringen wir Menschen im Schlaf. Es liegt einzig und allein an uns, ob wir diese Zeit ungenutzt lassen oder sie für ein glücklicheres Leben nutzen. Der Schlaf ist in meinen Augen ein guter Verbündeter, weil unser innerer Kritiker, unsere Ängste und Zweifel während des Schlafens ausgeschaltet sind. Die Widerstände und Blockaden sind verstummt und das ist eine perfekte Gelegenheit, die Glaubenssätze ins Unterbewusstsein einzupflanzen, die uns gut tun. Ein Freund, der zugleich Hypnotiseur ist, hat eine Hypnose-CD für mich angefertigt. In den ersten 15 Minuten ist nur beruhigende und sanfte Musik zu hören, danach geht es etwa 45 Minuten mit von mir zusammengestellten Affirmationen weiter. Ich lege mich also ins Bett, brauche für gewöhnlich zehn Minuten, bis ich einschlafe und kurz danach nehme ich derart positive Affirmationen in mein Unterbewusstsein auf, die ohne jegliche Gegenwehr hineinspazieren. Diese Gelegenheit hat man JEDEN Tag seines Lebens.

DIE DUFT - Methode

Vor dem Schlafengehen nimmt man sich gedanklich ganz fest vor, an seinen Wunsch zu denken. Dazu besprüht man sein Kopfkissen mit einem für sich angenehmen Duft, den man gedanklich ganz fest mit seinem Wunsch gleichsetzt. Wenn man nachts seine Liegeposition ändert und dabei den angenehmen Duft wahrnimmt, wird man unterbewusst an seinen Wunsch erinnert.

DIE DIKTIERGERÄT – Methode

Ich habe mir ein Diktiergerät gekauft, welches ich jeden Abend kurz vor dem Schlafengehen ins Badezimmer lege. Da ich nachts mindestens einmal das Bad benutze, stehe ich nachts einmal vor dem Diktiergerät und nehme eine positive Affirmation auf. In dem schlaftrunkenen Zustand ist mein innerer Kritiker kein ebenbürtiger Gegner und protestiert nicht, wenn ich meine Affirmation aufzeichne. Der Vorgang dauert nur wenige Sekunden. Der psychologische Hintergedanke dieser Methode ist der, dass ich kurz danach wieder zu Bett gehe und schlafe. Und was war das Letzte, was ich im Wachzustand getan habe? Ich habe eine positive Affirmation gesprochen. Mein Unterbewusstsein beschäftigt sich mit dieser Affirmation, während ich entspannt weiterschlafe, und setzt die dazugehörigen Gefühle frei.

DIE KLARTRAUM - Methode

Klarträume, auch luizide Träume genannt, sind Träume, in denen der Träumende weiß, dass er gerade träumt. In solchen Träumen hat er direkten Zugang zu seinem Unterbewusstsein. Alle Traumfiguren erschafft man bekanntlich selbst und kommuniziert auf diese Weise mit seinem Unterbewusstsein. Der direkte Kontakt zu unserem Unterbewusstsein während des Traumes ermöglicht es uns, ihm unsere Wünsche klar und unmissverständlich zu nennen, ohne vom inneren Kritiker auch nur in irgendeiner Weise dabei gestört zu werden. Um luizid zu träumen, braucht man grundsätzlich ausreichend Schlaf. Um sich besser an seine Träume erinnern zu können, kann man ein Traumtagebuch führen (so wie ich es tue). Besonderen Stellenwert nehmen alle Dinge ein, die darauf hindeuten, dass man sich in einem Traum befand (Treffen mit bereits verstorbenen Personen, man fliegt wie Superman durch die Gegend usw.). Im Wachzustand wiederum führen wir Tests durch, die uns deutlich machen, dass wir uns in der Realität befinden. Das kann alles Mögliche sein: Man springt in die Luft und stellt fest, dass man nicht wie ein Vogel fliegt. Man sieht auf die Uhr und stellt fest, dass jede Stunde aus 60 Minuten besteht (im Traum ist das Zeitgefühl meistens anders). Diese Tests führt man täglich so oft es geht durch, so dass man sich im Laufe der Zeit so sehr an sie gewöhnt, bis man sie auch im Schlaf durchführt. Das kann alles Mögliche sein: Und wenn man dann einen Realitätstest im Traum durchführt und dieser negativ ausfällt, weiß man, dass man gerade träumt. Vor dem Einschlafen empfehle ich Affirmationen, in denen ausgesagt wird, dass man einen luiziden Traum erleben will.

DIE JUBILÄUMSREDE - Methode

Hin und wieder erfasst uns alle mal eine gewisse Unklarheit, worauf wir unsere Wunschschwingung ausrichten wollen. Solange wir aber nicht genau wissen, was wir zum Sinn unseres Lebens machen wollen, können wir nicht glücklich schwingen. Ich nehme mir in solchen Fällen einen Stift und ein Blatt Papier in die Hand und entwerfe meine eigene Jubiläumsrede. Sie soll mich ganz genau beschreiben. Sie soll genau darüber Auskunft geben, was mich glücklich gemacht hat und worauf ich großen Wert gelegt habe, was meine Ziele im Leben waren und was mich erfüllt hat. Nach einigen wohl durchdachten Sätzen bin ich mir meistens wieder darüber im Klaren, wie ich schwingen will. Die Zweifel lösen sich wie von alleine auf und ich kann mich wieder meinem glücklichen Lebenssinn widmen.

DIE HOROSKOP – Methode

Für alle, die gerne Horoskope lesen, bietet sich die Horoskop-Methode an. Für diese Methode ist es hilfreich, sie mit einem Freund oder eine Freundin durchzuführen. Anstatt sich sein Horoskop im Radio anzuhören, lässt man sich ein zu 100% positives Horoskop von einem Freund oder einer Freundin erstellen, jeden Tag eins. Und selbst macht man ein ebenso positives Horoskop für seinen Freund oder seine Freundin. Die Hauptbotschaft des Horoskops sollte ein von Glück gesegneter Tag sein, in allen Bereichen des Lebens. Es sollte die Hauptaussage enthalten: „Das Universum meint es gut mit Dir."

DIE SEGNEN - Methode

Dieser Energie-Verstärker eignet sich für alle Lebenssituationen, die man sich vorstellen kann. Egal, ob man sich gerade in einem Hoch oder Tief befindet, man segnet den Lebensumstand, in dem man sich gerade befindet. Wenn gerade Dunkelheit im Leben herrscht, dann bekämpft man sie nicht mit noch mehr Dunkelheit, nein, man kämpft gar nicht, sondern löst die Dunkelheit auf, indem man Licht strahlen lässt, und zwar in Form von „lichtvollen“ Gedanken und Gefühlen. Denn Dunkelheit ist lediglich die Abwesenheit von Licht. Und so sind unglückliche Lebensphasen nichts anderes als die Abwesenheit von glücklichen Gedanken und Gefühlen. Man nimmt die vorherrschende Situation also an, aber nicht, damit sie bestehen bleibt, sondern damit kein Widerstand mehr in uns bestehen bleibt. Das macht man durch aufrichtiges Segnen. Und das Segnen bewirkt auch, dass sich der unglückliche Lebensumstand langsam, aber sicher in einen glücklichen transformiert.

DIE SCHICKSALS - Methode

Viele Menschen bekommen den Glauben an eine höhere Macht nur schwer aus dem Kopf. Besonders in Krisenzeiten sucht man die Verantwortung gerne bei einem Schicksal oder seinem Karma. Ich sage mir dann immer: „Klar gibt es ein Schicksal, nämlich das, welches ich mir tagtäglich selbst erschaffe.“ Das war aber nicht immer so, denn es gab Zeiten, in denen ich an das Schicksal glaubte. Für alle, die gegenwärtig so denken, ist es empfehlenswert, sich folgende Affirmation aufzuschreiben und sie an sein Vision-Board aufzuhängen: „Mein Schicksal ist es, glücklich, gesund und wohlhabend zu sein! Das Universum will es so. Nur deshalb wurde ich geboren. So sei es!“ Wenn man sich als auserkoren für ein besonders glückliches Leben hält, schwingt man unglaublich positiv und glücklich, und erwartet stets das Beste vom Leben.

DIE EFT – Methode

Es gibt verschiedene EFT-Methoden, um Angst- und Stresszustände aufzulösen. Und je angst- und stressfreier man ist, desto besser ist die Wunschschwingung. Manch einer bezeichnet EFT als Akupunktur ohne Nadeln, weil man dabei bestimmte Meridianpunkte auf dem Körper (Kopf, Oberkörper, Hände) abklopft (wird auch

Klopfakupressur genannt). Während des Klopfens konzentriert man sich auf den Stresszustand, der sich nach und nach immer mehr auflöst. Es gibt unzählige EFT-Techniken, die alleine für sich ein ganzes Buch füllen können, darum beschränke ich mich auf die, welche ich oft anwende: Kreuze Deine Arme über der Brust und berühre mit Deinen Händen Deine Schultern. Klopfe abwechselnd auf jede Schulter, etwa 20 Sekunden lang. Dabei denke an das Problem, welches Dich stresst und belastet. Danach kommt das sogenannte Brustgleiten, bei dem man die Hände nacheinander auf die Brust legt und dabei 20 Sekunden lang über sie streicht, so als ob man sich seine Bluse glatt streicht. Ich wechsele oft zwischen den verschiedenen Methoden hin und her, bis der Stress sich reduziert oder ganz verschwindet. Es gibt auch das Stirn-Hinterkopf-Halten, das Brusthalten und noch mehr Techniken, die sich alle miteinander kombinieren lassen. Um noch mehr EFT-Methoden kennenzulernen, empfehle ich Bücher, welche sich ausschließlich mit diesem Thema befassen.

DIE DOPPELWUNSCH - Methode

Bei besonders „großen“ Wünschen (z. B. Millionär zu sein) fehlt uns oftmals die innere Überzeugung, dass sie sich auch wirklich erfüllen. Also sollten wir folgendermaßen vorgehen: Wir teilen unseren Wunsch in zwei Wünsche auf. Einer davon erhält die Formulierung: „Ich bin Millionär.“ Der andere Wunsch konzentriert sich auf eine von mehreren Etappen, aus denen sich der große Wunsch zusammen setzt. Seine Formulierung lautet z.B.: „Dieses Jahr erhalte ich die Summe von 100 000 Euro.“ Damit wäre ein Zehntel des großen Wunsches bereits erfüllt und es werden auch die inneren Zweifel angesichts der reduzierten Geldmenge kleiner ausfallen.

DIE SPEZIALTAG - Methode

Ein wenig abergläubisch sind die meisten Menschen und daraus kann man für seine Wünsche einen Vorteil ziehen. Ganz egal, welche der hier beschriebenen Methoden man auch anwendet, man sollte sie an einem für sich besonderen Tag oder zu einem speziellen Zeitpunkt ausprobieren, weil man dann besonders hoch schwingt. Beispielsweise an seinem Geburtstag, an Silvester, bei Vollmond oder während einer Sonnenfinsternis. In den meisten Fällen ist es so, dass man durch die „Besonderheit“ eines solchen Zeitpunktes auch besonders stark an seine Wunscherfüllung glaubt.

DIE MODELLIER – Methode

Ich bin (noch) nicht talentiert genug, um mit Gips oder einer anderen Modelliermasse, die es im Handel zu erwerben gibt, meinen Wunsch zu modellieren, also habe ich stattdessen eine Kuchenteller große Gipsform gegossen und das Emblem meines Wunschautos in den weichen Gips hineingedrückt. Wer künstlerisch so begabt ist, dass er Skulpturen anfertigen kann, wird sich jeden Wunsch dekorativ aufstellen können.

DIE ATEM - Methode

Und zuletzt der hundertste Energie-Verstärker, der im Wachzustand immer und überall eingesetzt werden kann: Einatmen, ausatmen. Bei jedem Atemzug stellst Du Dir vor, wie Du Glück einatmest. Dabei kannst Du Dir auch Licht, Energie oder etwas Ähnliches vorstellen, wichtig ist nur, dass das Glück IN Dir zu Hause ist. Beim Ausatmen stellst Du Dir vor, wie Du das Glück in Deinem Körper verteilst und einen Teil Deines Glücks in die Welt ausstrahlst, und es mit Deinen Mitmenschen in Harmonie teilst. Und Du weißt ja: Glück ist das Einzige, was sich verdoppelt, wenn man es teilt.

So, lieber Leser, damit sind Dir meine 100 am meisten benutzten Energie-Verstärker bekannt. Sie lassen sich leicht in den Alltag integrieren und ehe man sich versieht, hat man, ohne es zu merken, viel mehr Zeit für seine Wunschprojekte genutzt als sonst. Natürlich muss man nicht alle Energie-Verstärker anwenden, wichtig ist jedoch, dass der Hauptanteil Deiner Zeit so gestaltet wird, um Deine Wunscherfüllungen zu unterstützen.

Ich habe mir während des Schreibens dieses Buches übrigens weitere Energie-Verstärker ausgedacht, sie jedoch noch nicht praktisch getestet, deshalb bleiben sie in diesem Buch unerwähnt. Betonen möchte ich hierbei noch mal, dass Energie-Verstärker und

Hilfsmittel jedweder Art immer nur eine Ergänzung sein können. Die wahre Schöpferkraft, die unsere Wünsche manifestiert, kommt aus einem selbst. Und eins kann ich aus eigener Erfahrung sagen: Der Mensch, der mehr als 50% seiner aktiven Zeit für die Erfüllung seiner Wünsche nutzt, wird seine Wünsche auch ohne Zweifel verwirklichen. Voraussetzung ist, seinen „inneren Schweinehund“ zu besiegen bzw. in einen lieben, unterstützenden Schweinehund zu transformieren, und dauerhaft aktiv zu sein.

15. Es gehört Dir sowieso schon alles

Gehe einfach einmal durch Deine Heimatstadt und stell Dir vor, dass alles, was Du unterwegs siehst und Dir gefällt, bereits Dir gehört. Wenn Du zu Hause ankommst, bleib in dem Gefühl, dass Du der Besitzer all dieser Dinge bist.

Sei Dir bitte immer der Tatsache bewusst, dass alles, was existiert, aus Atomen und Molekülen besteht. Allein diese Tatsache belegt, dass alles miteinander verbunden ist, da selbst die Luft aus Atomen und Molekülen besteht. Alles, was es gibt, ist also bereits ein Teil von Dir, Du bist eins mit allem, was existiert. Wenn Du dir diese TATSACHE vergegenwärtigst, dann fällt es Dir wesentlich leichter, in Bezug auf Deine Wunscherfüllungen positiver zu schwingen.

Ich habe es mir zur Angewohnheit gemacht, jedem seinen Erfolg zu gönnen. Sehe ich jemanden in einem teuren Auto, dann gönne ich es ihm von ganzem Herzen. Da wir Menschen alle miteinander verbunden sind und die Welt ein Spiegelbild meiner Selbst ist und alles, was ich denke, fühle, mir vorstelle, sage und tue, wieder auf mich zurückfällt, gönne ich es gewissermaßen mir selbst.

Nachwort

Lieber Leser, dass Du mir für 163 Seiten Deine Aufmerksamkeit geschenkt hast, erfüllt mich mit großer Freude.

Die meisten Menschen denken, dass es so etwas wie eine geheime Zauberformel gibt, mit der man Wünsche erfüllen kann. Die gibt es aber nicht, stattdessen macht man sich einfach selbst klar, was man sich für das Leben wünscht, glaubt ganz fest daran und macht etwas für die Erfüllung. Und gerade weil es so einfach und simpel ist, können sich die meisten Menschen kaum vorstellen, dass es funktioniert. Das kosmische Gesetz der Anziehung ist also im Grunde für jedermann leicht zu verstehen, nur die praktische Anwendung war vielen Menschen durch einen hektischen Alltag bisher schwer gefallen. Vor dem Lesen dieses Buches ahntest Du vielleicht etwas von den vielfältigen Gelegenheiten, die sich einem für die Erfüllung seiner Wünsche anbieten, doch nun kannst Du sie in vollem Ausmaße nutzen, sie ausleben. Nun weißt Du ganz genau, wie Du Deine Wünsche wahr machen kannst. Deine Realität ist formbar und hängt stets von Deiner Sichtweise ab. Mit der richtigen, liebevollen, positiven und selbstbewussten Sichtweise, erreichst Du Wunscherfüllungen, die Du zuvor für unmöglich hieltest. Wo es vorher nicht weiter ging und Du vor einer verschlossenen Tür standest, hast Du nun den passenden Schlüssel in Deiner Hand. Das Aufschließen der Türe bleibt DIR überlassen.

Ich habe das Schreiben eines Buches immer als Dialog mit meinen Lesern verstanden. Mein Buch kann Dich motivieren und Dir helfen, Deinen Weg zu gehen, aber es kann Dir diese Aktivität nicht abnehmen. Die Informationen dieses Buches sind nichts wert, bevor Du aus ihnen nicht etwas machst. Was mir besonders am Herzen liegt, ist Dir zu vermitteln, welches Potenzial (lateinisch potens = mächtig) in Dir steckt. Du hast solch ein unerschöpfliches Potenzial in Dir, wie es alle Bücher der Welt nicht haben und nie haben werden.

Ebenso wie Du zwei Arme und zwei Beine hast, die Du selbstverständlich jeden Tag nutzt, hast Du auch schöpferische

Gedanken und Gefühle in Dir. Alles, was wir uns für die Außenwelt vornehmen, wird zuerst auf der Leinwand unserer Phantasie gemalt. Und wir malen mit unseren Gedanken und Gefühlen. Sie mögen für das menschliche Auge unsichtbar sein, aber ihre Wirkungen sind es deswegen nicht. Destruktive Gedanken sind ebenso schädlich, wie wenn man sich mit den eigenen Fäusten ins Gesicht schlagen würde. Ich denke, dass ein jeder von uns sich selbst gegenüber zur Selbstliebe verpflichtet ist. Je mehr liebevolle und harmonische Gedanken ein Mensch denkt, desto liebevollere und harmonischere Lebensumstände zieht er an. Man braucht wirklich nicht viele Gedanken täglich, es reicht, wenn man die richtigen hat.

Der Alltag bietet uns mindestens 100 Gelegenheiten täglich, um das Gesetz der Anziehung in der Praxis bewusst zu nutzen. Dazu müssen wir uns nicht erst in Gruppen formieren, Mitglieder einer Organisation werden, täglich stundenlang in irgendwelchen Foren schreiben oder einem Guru hinterherlaufen. Ich persönlich habe nicht das Gefühl, dass ich einer bestimmten Religion, Organisation oder Gruppe angehören muss, um durch bewusste Gedankenausrichtung glücklich zu werden. Glück ist an keine Organisation der Welt gebunden, sondern ist für jeden Mensch zu haben, immer, überall und kostenlos, durch das objektive und vorurteilslose Gesetz der Anziehung. Einfach genial! Genial einfach!

Warum sollte man sich auch einer Gruppe anschließen, die uns alle in ein Regelwerk stecken will, in das wir nicht hinein gehören? Es gibt mittlerweile fast 7 Milliarden Menschen auf der Welt, was bedeutet, dass auch fast 7 Milliarden verschiedene Bewusstseinszustände unter uns Menschen existieren. Kein einziger Bewusstseinszustand ist mit dem Bewusstseinszustand eines anderen Menschen identisch. Somit gibt es fast 7 Milliarden Originale unter den Menschen. Jeder von uns hat dasselbe Ziel, nämlich glücklich zu sein, aber zugleich hat jeder von uns ganz spezifische Erfahrungen in seinem bisherigen Leben gemacht, so dass ein jeder Mensch dadurch auch eine andere Ausgangslage hat. Mit Energie-Verstärkern, die einem zusagen, kann jeder frei, unabhängig und ohne bestimmte Gruppenzugehörigkeit sein eigenes Leben nach den Prinzipien des Glücks gestalten. Sich bücken und das Glück in die Hand nehmen, das müssen wir jedoch alleine tun, diese Arbeit nimmt uns niemand ab. Andere Menschen können uns eine Zeitlang auf unserem einzigartigen Entwicklungsweg begleiten, aber WIR müssen ihn vom Anfang bis zum Ende gehen. Dabei sollte er vor allem Spaß machen und nicht als eine lästige Pflicht angesehen werden. Es ist der stufenweise Weg der Entwicklung und der ist ebenso natürlich wie das Heranwachsen vom Kind zum Erwachsenen.

Wir erleben gegenwärtig durch die Quantenphysik, wie die Grenze zwischen Wissenschaft und Esoterik verschwimmt. Dadurch entsteht eine völlig neue Art des Denkens und somit auch des Fühlens und des Handelns. Immer mehr Menschen erkennen: Um glücklicher und zufriedener zu leben, müssen sie sich von eingefahrenen Verhaltensweisen und überholten Gewohnheiten trennen, das Tempo ihres Lebens „entschleunigen", ihren inneren Blockaden mit einer neuen Leichtigkeit begegnen, sich voller Vorfreude eigene Ziele der persönlichen Freude setzen, entscheidungsfreudiger werden, die volle Verantwortung für ihr Leben übernehmen und anfangen, sich und die Welt zu lieben, so dass sich endlich eine von Glück bestimmte Realität manifestiert. Erst in einer solchen Realität sind wir mündige, freie und glückliche Menschen, die ihr Leben in LIEBE leben.

Ich für meinen Teil brauche keine Denkvorschriften und auch kein einschränkendes Weltbild, denn dadurch wird mein Leben vorschriftsmäßig eingeschränkt. Wozu soll das gut sein? Ich schaffe mir viel lieber ein Leben voller Glück und Harmonie. Alles, was ich dazu benötige, habe ich IN MIR. Keine dieser Einsichten erreichte ich durch die Suche nach ihnen in der Außenwelt, nein, ich ließ sie durch meine Schwingung zu mir kommen.

„Anfangs geht Buddha vor Dir, dann geht er hinter Dir, dann geht er in Dir." (Zen-Spruch)

Habe ich diese Einsichten erhalten, so sind sie nur dann etwas wert, wenn ich durch sie meine Lebensweise auch wirklich ändere und mein Potenzial nutze. Ich bin nicht nur der Autor dieses Buches, nein, ich bin auch der „Schreiber“ meiner Lebensgeschichte. Ich bin der Einzige, der in meinem Kopf Gedanken und in meinem Herzen Gefühle entwickeln kann, niemand sonst kann das in mir machen. Ich habe jederzeit freien Zugang zu meinen kreierenden Gedanken, ich kann sie jederzeit einsetzen, meine Schöpfermacht steht mir jederzeit offen, ich muss es nur wollen, aus tiefster Überzeugung und mit einem Gefühl der Freude und der Liebe. Und bei Dir ist es nicht anders, lieber Leser. Es geht hier um DEIN Glück. Es ist eine absolute Tatsache, dass Dein Glück nur auf Dich wartet. Willst Du es oder willst Du es nicht? Nimm es oder lass es. Ich rate Dir aus meiner eigenen Erfahrung: Nimm es!!!

Sein Leben glücklich zu meistern, ist nicht nur fernöstlichen Gurus vorbehalten. Wir ALLE haben die Fähigkeit, Meister in Sachen „glückliches Leben“ zu werden. Wichtig ist es, die Prinzipien des Glücks im Alltag anzuwenden. Siehe Dich selbst als eine positive Person in einem positiven Universum, so dass Deine Gedanken und Gefühle positiv schwingen und Dir ein ebenso positives Leben bescheren. Ich betrachte mich selbst als normale Person ohne außergewöhnliche Fähigkeiten. Denn die Fähigkeiten, seinen Gedanken und Gefühlen eine materielle Form zu geben und damit sein Glück selbst in die Hand zu nehmen, sind ja nichts Außergewöhnliches, da wir sie ja bereits seit unserer Geburt und viel früher in uns tragen. Was mein persönliches Glück betrifft, bin ich alles andere als bescheiden und werde es dabei auch belassen. Sich selbst nur das Schönste vom Schönen zu gönnen, bedeutet nicht, dass man seinen Mitmenschen nicht auch das Schönste vom Schönen gönnt. Da alles dem Geistigen entspringt und jeder Mensch eigene geistige Kreationen erschaffen kann, ist für jeden genug da. Das ist eine unerschütterliche Tatsache, ganz egal, was man Dir in der Außenwelt erzählt.

Meine Schlussfrage an Dich lautet: Was nun? Jetzt, da Du Bescheid weißt über das Gesetz der Anziehung und die zahllosen Möglichkeiten, etwas für seine Wunscherfüllungen zu tun, gibt es keine Gründe für untätiges „Passivleben“ und es steht einem Leben in Glück und Liebe nichts mehr im Wege. Ich nehme an, dass Du es kaum erwarten kannst, ein neues Drehbuch für Dein Leben zu schreiben, nämlich eins mit unzähligen glücklichen, sich übertreffenden Höhepunkten und einem grandiosen Happy-End. Und vergiss nicht: Es hindert Dich niemand daran. Also worauf wartest Du noch? Zögere nicht! Tu es einfach!!!!!!!!!!!!!!!!!

Sehen wir uns wieder? Womöglich im dritten glücklichen Taschenbuch (alle guten Dinge sind drei)? Wer weiß? Die Welt birgt unendlich viele Möglichkeiten, mal sehen, wo mich die Wellen des Glücks diesmal hintragen. Ich habe der Welt noch so viel zu sagen. Auch wenn es mittlerweile verschiedene Bücher zum Thema Gesetz der Anziehung gibt, halte ich mir stets vor Augen, dass jedes einzelne Buch unendlich wichtig ist, welches den Menschen ihre Schöpfermacht in Erinnerung ruft und ihnen den Weg zu ihrem GLÜCK weist. Jedes Buch kann DER entscheidende Schneeball sein, der die Lawine endlich ins Rollen bringt, die die Menschen aus einem begrenzenden Leben aufweckt und sie in eine Welt der grenzenlosen Freude katapultiert. Wenn dieses Buch nur einen Menschen auf der Welt glücklicher gemacht und ihm seine wahren Fähigkeiten vor Augen geführt hat, hat sich das Schreiben des zweiten glücklichen Taschenbuchs mehr als gelohnt.

So, lieber Leser, wir haben nun das Ende des Buches erreicht, aber gleichzeitig kann es auch ein neuer, glücklicher Anfang in Deinem Leben sein. Willkommen in einer wunderbaren Welt ohne ein bestimmendes Schicksal, willkommen im Leben eines Schöpfers seines grenzenlosen Glücks, willkommen in der WIRKLICHKEIT!!!

„Und ich habe gemerkt: Das Wunder, auf das ich so lange gewartet habe, bin ich selbst.“ (Selma Lagerloef)

Herzlichst

Goran

Literaturverzeichnis

Das Gesetz der Anziehung (Michael J. Losier)

The law of attraction (Jerry und Esther Hicks)

Das Tor zu vollkommenem Glück (Deepak Chopra)

Die “what the bleep”-Geschichte (Barbara Singer)

Die lebendige Weisheit des Tao (W. Dyer)

Trau Dich einfach zu entspannen (Terwitte)

Hypnose, das Praxisbuch (Mike Butzbach)

Magische Rituale und Rezepte (Angelika Ebersbach)

Mentaltraining (K. Tepperwein)

Mentaltraining im Sport (Christian Sterr)

Schule der hohen Magie 1-3 (V. D. Frater)

Die Macht Ihres Unterbewusstseins (J. Murphy)

Das dritte Auge öffnen (H. Wessbecher)

www.zitate.net

Das glückliche Taschenbuch

Warum Wünschen kein Märchen ist

Dieses Buch spiegelt die Erfahrungen des Autors Goran Kikic mit dem Gesetz der Anziehung wieder. Er beschreibt, welche Methoden, Überzeugungen und Affirmationen sein Leben von Grund auf zum Positiven veränderten. Auf eindrucksvolle Weise ist zu lesen, wie Goran Kikics Wünsche sich manifestierten und er seitdem glücklicher und zufriedener sein Leben meistert. Der Autor beschreibt hier keine Theorien, sondern erlebte Tatsachen aus seinem Leben. Zahlreiche wertvolle und praxisnahe Übungsbeispiele helfen dem Leser, eigene positive Erfahrungen mit dem Gesetz der Anziehung zu machen. Verschiedene wissenschaftliche Erklärungen, von Quantenphysik über morphogenetische Felder bis zum Schwingungsgesetz, runden das Buch ab. Mike Butzbach, Autor des Buches "Hypnose - Das Praxisbuch", veranschaulicht, wie sehr Hypnose zur Änderung von Glaubenssätzen beitragen kann, so dass wir das Gesetz der Anziehung bewusst für unser persönliches Glück in allen Lebensbereichen anwenden können. Dieses informative Buch inspiriert, motiviert und begeistert, so dass auch Du Deine Lebensqualität durch den bewussten Umgang mit dem Gesetz der Anziehung steigern wirst.

Erhältlich im Buchhandel, bei amazon.de und libri.de

www.gesetz-deranziehung.de

Hypnose – Das Praxisbuch

vom Hypnoseexperten Mike Butzbach

Dieses Buch beschreibt wirksame Hypnoseinduktionen, Blitzhypnose und Vertiefungstechniken für Hypnoseanwender.

Dabei wird bewusst auf zu viel Theorie verzichtet.

Klare Beschreibungen, Demonstrationen, Übungsskripte, Suggestionsvorlagen und Tipps und Tricks aus der Erfahrung des Autors ermöglichen dem Leser einen schnellen und leichten Einstieg in die Praxis.

Das echte Praxisbuch: Lesen - ausprobieren - experimentieren.